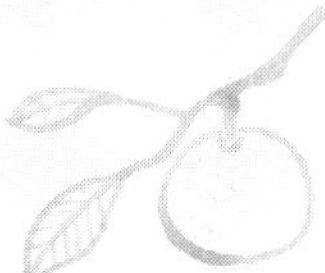
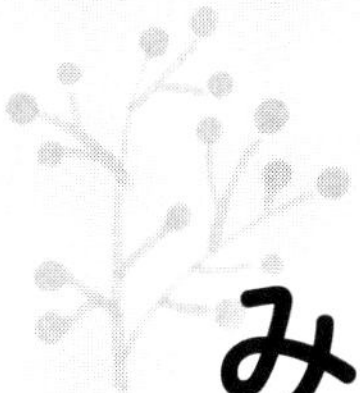

み言葉とともに

生きる

学ぶ

喜ぶ

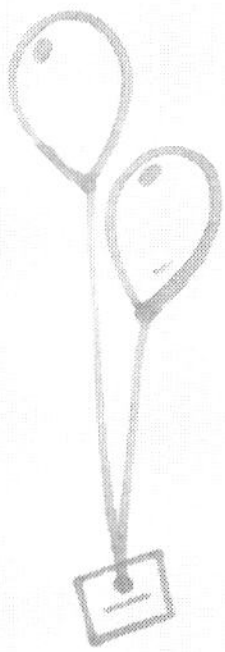

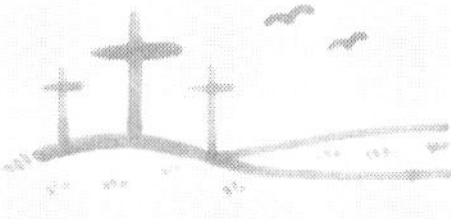
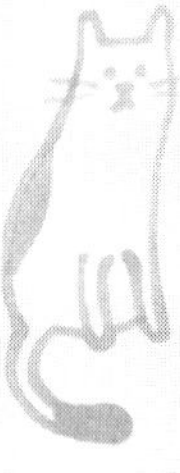
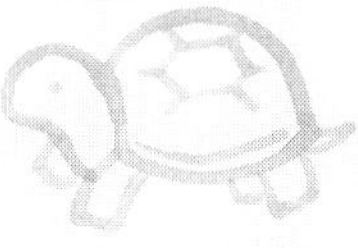
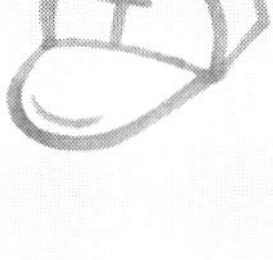

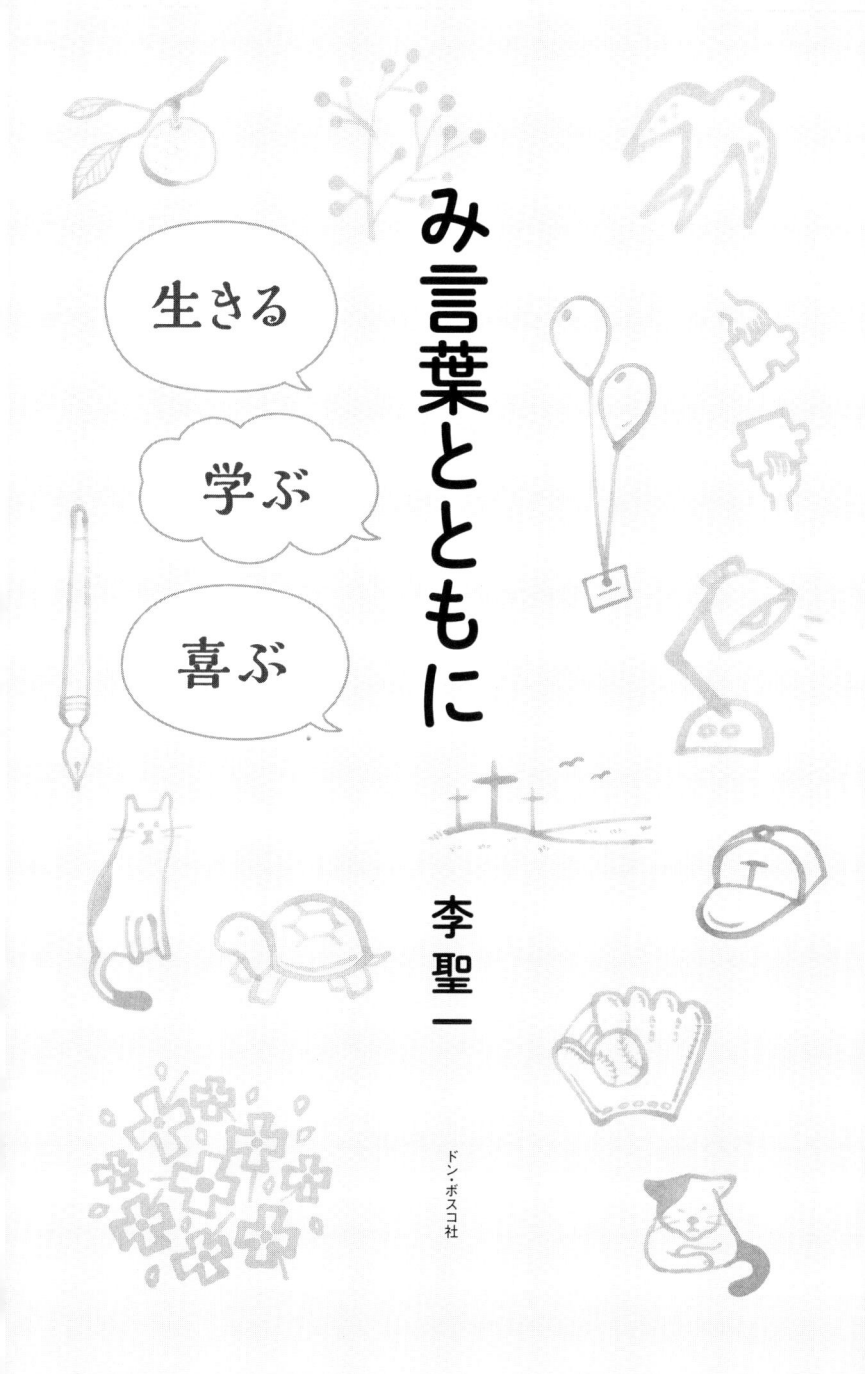

李聖一

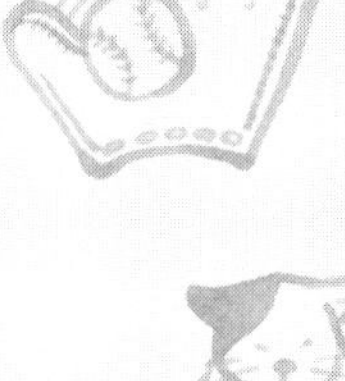
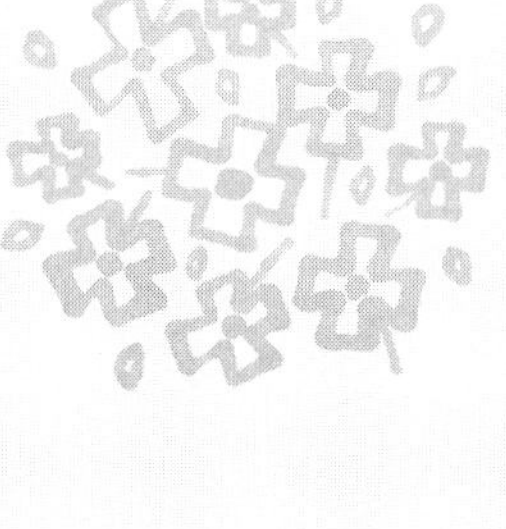
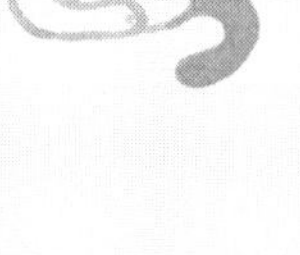

ドン・ボスコ社

第二章　聖書のおはなし

第三章　生き方が語るもの

第四章　み言葉、ときどき寄り道

わたしがここにおります
わたしを
遣わしてください

はじめに

「わたしがここにおります。わたしを遣わしてください」（イザヤ6・8）

これは、私がイエズス会の神父になったとき、記念カードの裏側に記した聖書の言葉の一節です。記念カードに記される聖書の言葉は神父になる者にとって、自分はこんな生き方をしますという思いを込めて選びます。私は、イザヤという預言者が召し出されるときに言った言葉を選びました。神が自分の民に言葉を伝えたい、誰を派遣しようかと悩んでおられたときに、イザヤは自ら申し出て、「わたしがここにおります。わたしを遣わしてください」と言いました。私はこのような心意気に倣いたい、私も必要なところならどこにでも派遣されるような生き方をしたいと願い、この言葉を選んだのでした。

そんな私が二〇〇三年から二〇一〇年まで、イエズス会を設立母体とする広島学院中学校・高等学校で校長職を担っていました。広島学院は創立されたのが一九五六年です。二〇〇五年には創立五十周年を迎え、そのような節目の年の前後に「わたしがここにおります。わたしを遣わしてください」とばかりに校長職を委ねられました。この学校のこれまでの歩みを振り返りながら、将来に向けて何をすべきかを模索するようなときでした。

そこで、就任そうそうに、「今週のことば」を各学年の廊下の掲示板に貼り、この言葉を一週間味わうという試みを始めました。その言葉の多くは聖書から引用しました。学校行事の暦に合わせて、その時期になるべくふさわしいものを選びました。そして、毎月曜日の朝に行われる全校朝礼で、その言葉に関連する話をしたのでした。そうすることによって、広島学院がカトリック学校であり、イエズス会学校であるということを明確に打ち出したかったのです。

話の内容は、すぐにホームページにアップしてもらい、生徒だけでなく、保護者や卒業生、あるいは中学受験を考えている人々にも読んでもらえるようにしました。結構反響はあるもので、広島学院に直接かかわりのない方々から、お便りをいただくようなこともありました。

一年たったときに、この話を一冊の小冊子にまとめ、これを三年続けました。この小冊子に〝Refoundation〟というタイトルをつけました。創立五十周年を、まさに「再創立」(refoundation) と位置づけたかったからです。その後、四年ほど校長職を続けましたが、話の内容をホームページにアップすることはしたものの、小冊子にまとめることはしませんでした。一応、区切りをつけようと思ったのです。

しかし、校長職を辞し、学校法人上智学院のイエズス会中等教育担当理事となった今でも、〝Refoundation〟について「あれ、もうないんですか」という問い合わせを受けることがありました。そこで、今回、こうして一冊の本にすることにしました。

なお、廊下に掲示された「今週のことば」は、広島学院で書道の授業を担当してくださっていた杉岡陽水先生に書いていただきました。先生は、日本でも著名な書道家で、日展には何年も連続で入賞しておられます。広島ではよく個展も開いておられ、多くの人々が訪れます。小冊子のなかにも、ところどころ先生の書を掲載しましたが、今回はなるべく多く掲載することを先生ご自身にお願いし、承諾を得ました。話の内容もさることながら、先生の書も味わっていただければと思います。

最後に、このささやかな本を亡き母にささげたいと思います。イエズス会司祭への召命をいつも祈り続け、司祭になってからは、その生涯をまっとうすることを願い、広島学院の校長職を担うことを知ると、その仕事がただただうまくいくようにと心から心配し、私が任期を終えて広島を去ると、自分のすべきことはすべて終えたと悟ったかのように、静かに天に召されていきました。私の話の第一のファンでもありました。そんな母も、この本が出版されることを喜んでいると思います。

本文中の聖書の引用は
『聖書 新共同訳』（日本聖書協会）によるものです。

第一章 学びの現場から

何を
求めて
いるのか

「かもしれないライン」に立つ君たちへ

今朝、君たちは、何かしら誇らしい思いと緊張感をもって学校の門をくぐったと思います。入学式で、一人ひとりの名前が呼ばれ、元気よく返事をした者も、緊張のためか小さな声でしか返事ができなかった者も、まず何よりも、おめでとうという言葉を贈ります。

君たちは今、中学生活のスタートラインに立っています。私は、このスタートラインを「かもしれないライン」と言います。君たちは、これから六年間、さまざまな人に出会い、多くのものを学びます。君たちのなかのある者は、よく学び、よく自分自身を鍛えて、よい友達に恵まれて、自分の才能をより豊かにして、卒業していくかもしれません。あるいは、あまり学びもせず、自分自身を鍛えるでもなく、元気もなく、これといった人とも出会うことなく、この学校につまずき、自分自身につまずき、この学校に来て「よかったね」と思うことなく卒業していく、あるいは、途中でいなくなってしまう者もいるかもしれません。自分が望んで始めようとする新しい生活というものは、希望に満ちているはずなのに、どこか不安も感じるのは、まったく相反する可能性に向かう「かもしれないライン」に立っているからです。

勇気をもって、新しい生活にそれぞれの一歩を踏み出してください。そして、好奇心をいっぱいにして、学校とはどんなところなのか、どんな人がいるのか、何があるのか、真新しい教科書はどんな匂いがするのか、たくさんの疑問をもって、学校生活に臨んでほしいと思います。

ここで、聖書の言葉を一緒に味わいたいと思います。

イエス・キリストの生涯を描いた書物を福音書といいますが、この福音書にはたとえ話がたくさんあります。そのなかでも神の国は、よく種にたとえられます。神の国という表現はちょっとわかりづらいでしょうが、神の、人間に対する思いやりとでも、今は理解してください。親が自分の子どもに対してもつ愛情のようなものです。そして、この神が人間に対してもつ思いやりは、ちょうどからし種のようなものだとイエスは言っています。

「神の国を何にたとえようか。どのようなたとえで示そうか。それは、からし種のようなものである。土に蒔くときには、地上のどんな種よりも小さいが、蒔くと、成長してどんな野菜よりも大きくなり、葉の陰に空の鳥が巣を作れるほど大きな枝を張る」（マルコ4・30〜32）

からし種は、一ミリあるかないかのような小さな種です。その種のなかにどんな秘密があるのか、土に蒔かれると大人が登っても大丈夫なほどの大きな木になります。種は不思議です。どんな種でもいい、想像してみてください。この種がなぜ花を咲かせ、実をつけるほどに成長していくのか。昔から、人間は種のもつ成長していく力を神秘的なものと考えていたに違いありません。

この種の成長は、君たち一人ひとりにも当てはめることができます。君たちは今は小さな種かもしれませんが、たくさんの可能性を秘めた、そして、自ら成長していく力を秘めた不思議な種です。この種がどのような木に成長していくのか、誰もわかりません。いつ伸びていくのかも、わかりません。でも、必ず成長していくのです。

そして、種が成長していくためには土に蒔かれなくてはなりません。水も必要です。太陽の光も受けなければなりません。君たちは今、学校という土のなかに蒔かれました。この土は、長きにわたって、先生方が耕してきたものです。これからは、君たちに水を注ぎ、太陽の光を浴びさせて、成長していくよう、手助けをします。しかし種は、種自らの力で大きくなっていくのです。

ここが大事です。種は、自らの力で大きくなっていきます。そして教師たちは、君たちのもっている不安を取り除き、大いなる可能性を引き出すことができるよう、頑張るのです。

君たちも、大いなる望みをもって、この学校での生活を始めてください。

おもしろい学校？

私が校長職を引き受けることになったのは、前任の校長が定年を迎えられたからですが、後任は李神父にという話があったとき、一つだけ懸念したことがあります。それは、私は校長に向かないだろうということです。校長に向いているような人間ではないことは、私と授業で接したことのある生徒のみなさんにはわかるはずです。しかし、引き受けた以上、校長としての仕事はなんでも一生懸命やろうと決めました。

ところで、校長の仕事とはどんなものなのか、私なりに考えてみました。いちばんつらい仕事はなんでしょう。生徒の前でいろいろな話をしなければならない。これは得意なので、別に苦になりません。いくらでも話はします。でも、つらいのは保護者同伴の面談をしなければならないことかもしれません。成績不振で校長と面談する、もうちょっと勉強せよと言う。回数は減らしてもらいたい。だから、生徒たちはちゃんと勉強してください。問題行動があって、校長室に呼ぶ。すいませんと謝る生徒に、「何をしでかした？一週間反省しなさい」。まあ、これもできるだろう。千百人も男の子がいたら、何かが起こるのはしょうがない。でも、これも回数は減らしてほしいです。

ところで、校長就任前にかつての教え子に会う機会があり、そのとき、新年度から校長になるという話をしたところ、彼は、「先生が校長になったら、おもしろい学校になるでしょうね」と言いました。また、別の卒業生が訪ねてきて「この学校をおもしろくしてくださいね」と言いました。私を知る卒業生たちが、たまたま偶然に「おもしろい」という形容詞を使って、学校のあり方を口にしたのが印象的でした。

そこで、「おもしろい学校」というのは、どんな学校なのか、「おもしろい」という形容詞そのものは、どういう意味なのか、考えてみました。

「おもしろい」という言葉には、とても豊かなニュアンスがあります。ただ単に、げらげら笑うほどおかしいという意味だけではありません。辞書をひも解くと、愛すべき、懐かしく慕わしい、よろこばしい、愉快、楽しく快い、心ひかれる、趣がある、という意味が出てきます。このような意味のなかから現代の若者にとっての「おもしろい」はどういうことなのかを考えていると、ふと思い出した歌がありました。高杉晋作の辞世の歌で、「おもしろき こともなき世を おもしろく 住みなすものは 心なりけり」というものです。

高杉晋作は、幕末、長州藩を改革して、倒幕運動に邁進した人物です。彼は若くして死んでしまいますが、死の直前に遺したのがこの歌だと言われています。病に倒れた高杉晋作は、自分の死が近づいたことを悟り、息も絶え絶えになったとき、歌を遺そうとします。「おもしろきこともなき世をおもしろく」とまで歌ったのですが、その後が続きません。彼の病気の世話をしていた付き添いの尼さんが、彼の姿を見て、「住みなすものは心なりけり」と続けました。高杉晋作はそれを聞いて、そうだそうだと頷いて息を引き取った、というエピソードがあります。おもしろくするかどうかは自分の心次第である、ということでしょう。ですから、おもしろい学校になるかどうかは、生徒の心次第だということは、言うまでもないことです。

さて、おもしろい学校生活を送るために、心がけてほしい三つのことを言います。

一つ目は、自分自身にチャレンジする。好きか嫌いか、気持ちいいか悪いかという感覚だけで、何かをするのではありません。これやってみよう、あれもしてみようと、いろんなことにチャレンジしてみてください。

二つ目は、制服をきちんと着る。制服をきちんと着ない生徒は、学校に対して誇りをもてない生徒だと、私は解釈します。制服をだらしなく着る生徒を見かけたら、私はすぐに注意します。

三つ目は、清潔な服を身につける。男子校とはいえ学校内にも女性教員が増えてきました。男として、女性に対して不快な思いをさせてはいけないということは、社会に出たときにも大切なことです。

最後に、聖書のなかのイエスの言葉を贈ります。

「新しいぶどう酒を古い革袋に入れる者はいない。そんなことをすれば、革袋は破れ、ぶどう

新しい
ぶどう酒は
新しい
革袋に

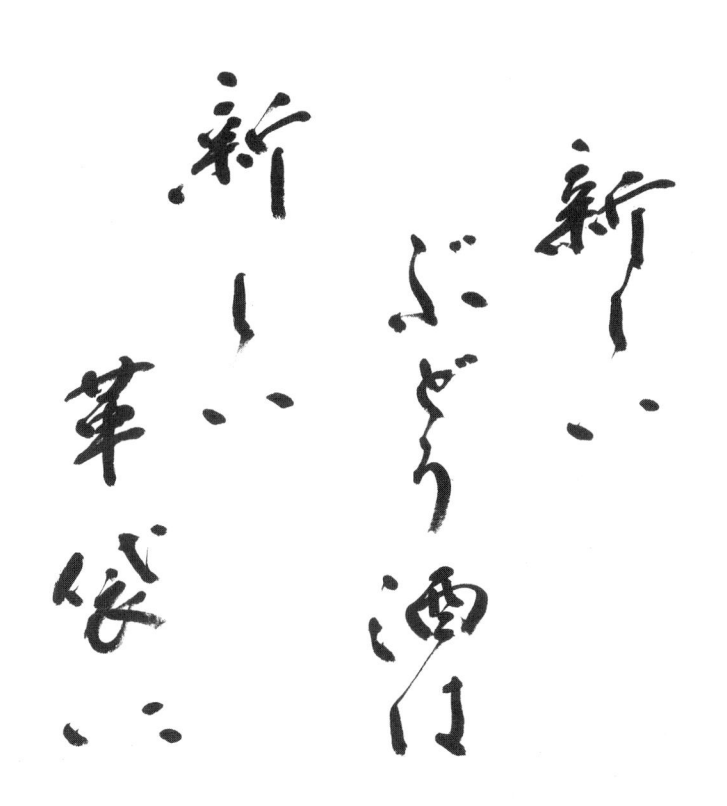

酒は流れ出て、革袋もだめになる。新しいぶどう酒は、新しい革袋に入れるものだ。そうすれば、両方とも長もちする」（マタイ9・17）

昔、ぶどう酒は瓶詰めにされていたのではなく、革袋に入れられていました。ところが、新しいぶどう酒というのは、発酵する力が強いので、古い革袋に入れると、ぶどう酒の発酵する力に負けて、革袋は破れてしまうのです。イエスはそのことから、新しい何かが始まるときには、その新しさを受け入れようとするそのものが新しくならないといけないというのです。

この言葉を味わいながら、新しい気持ちで、おもしろい学校生活をスタートさせてください。

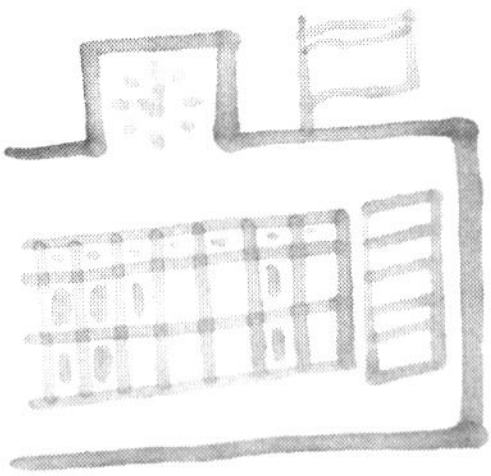

その日の苦労はその日だけで十分

今ここで百人の人を前にして「神を信じる方は、手を挙げてください」といって、どれだけの手が挙がるでしょうか。おそらく、二人いるかいないかだろうと思います。宗教をもつという感覚が希薄な日本においては、それは当然かもしれません。

宗教心理学の本を読むと、宗教的な感性がもっとも敏感になるのは中高時代である、とよく指摘されます。確かに私自身、中学時代に初めて聖書というものを読み、よくわからないままでも自分の気にいった言葉に線を引っ張っていたのを思い出します。奇跡の話なんか読むと、「ほんまかいな」と疑いながら、それでもイエスの言葉や教えのなかで、いいなあと思ったところに線を引いて読んでいました。「その日の苦労は、その日だけで十分である」（マタイ6・34）というのも、線を引いた言葉の一つです。

今振り返ってみると、自分が中学生のときいったい何の苦労があったのかと不思議に思います。一日一日、何の変哲もない日々を繰り返しながら、仲間とうまくいかなかったこと、勉強がわからなくなってしまったこと、クラブでなかなか上達しないことなどなど、やりきれない思いをしたこともありました。たいした苦労でもないのに、それでも苦しく思うこともあったのかもしれません。でも、その一日一日の積み重ねが自分自身をつくりあげていくのでしょう。

しかし現代の子どもたちの現実を見ると、私は倫理や聖書を教えてきて生徒の授業に対する反応を知っているので、一般的に中高時代に宗教的感性がもっとも敏感になるという指摘に違和感を覚えてきました。なぜそんな指摘がされるのだろうかと、自分なりに考えてみると、おそらくそれは、本来、十代後半の中高時代というのは、人間にとってもっとも根本的な問いを発する時期だろう、というところにあるのではないかと思い至りました。

根本的な問いとは、「私は何者か」「私はなぜ生きているのか」「人はなぜ死ぬのか」「私はなぜ存在するのか」「存在するとはどういうことなのか」というようなものです。このような問いに答えようとすれば、当然、中高生であっても、哲学的になり宗教的なものに触れざるを得なくなります。本来、そのような問いをもって自然なはずの中高生があまり哲学的でも宗教的でもないのは、裏を返せば、そのような問いを発しない、あるいは、そのような問いを抑圧している、ということではないでしょうか。私はそちらのほうに問題があると思います。

ところで、先の聖書の言葉には、その前に次のような言葉が記されています。

「明日のことまで思い悩むな。明日のことは明日自らが思い悩む」

「その日の苦労はその日だけで十分」、「今日は今日、明日は明日だ」と思えば、気も楽になって、また元気が出るのかもしれません。

その日の苦
労はその日
だけで十分
である

狭い門から入りなさい

茶の湯を完成した千利休がつくった茶室には、「にじり口」という不思議な出入り口があります。四方七〇㎝に満たない狭い入り口です。なんでこんな出入り口を設けたのか、一説に、聖書にある「狭い門から入りなさい」（マタイ7・13）から発想を得たともいわれています。どんな人間であれ、たとえそれが時の権力者であっても、巨万の富を得た者であっても、茶室には、自分の膝を折って、「にじり」寄って入るようにしたというのです。膝を折って、「にじり」入るためには、自ら身を低くし、身をかがめなければなりません。そこから、利休は、茶室にあっては、謙虚になること、謙遜になることを求めたとも考えられます。

入試の時期になると、今年は「広き門」だとか、「狭き門」だとかといった表現をよく耳にします。倍率が低いか高いかを言うときに使われるのですが、「広き門」と言われれば少し安心し、「狭き門」と言われれば厳しさを覚悟するでしょう。私は人生の試練を迎えたときには、「狭い門から入れ」と言いたいのです。それは、困難なことにチャレンジすると同時に、人間が謙虚になるためです。

膝をにじって、身をかがめて、狭い門にチャレンジして、謙遜さを知る。「狭き門」をくぐ

狭い門から
入りなさい

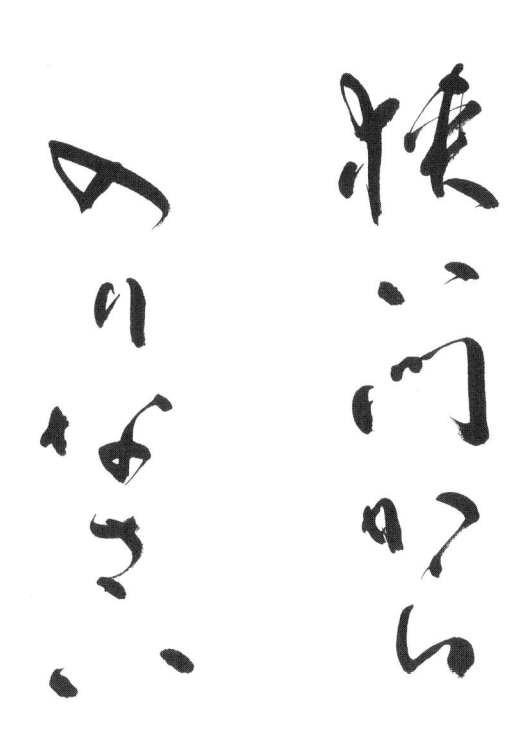

って入ったことを誇りたくなることもあるでしょう。でも本当は、狭い門から入って、謙虚さを知るということのほうが大切だと思います。

「狭い門から入りなさい」という聖書の言葉はこう続いています。

「滅びに通じる門は広く、その道も広々として、そこから入る者が多い。しかし、命に通じる門はなんと狭く、その道も細いことか。それを見いだす者は少ない」

困難なことに挑戦してみてください。「狭い門から入る」という難しさを味わいながら、同時に、身をかがめてにじり入ることをとおして、謙虚さを覚えることを知ってほしいと思います。

どうぞ、お話しください

教師の役割について、一つお話ししたいと思います。教師の役割でいちばん大切なことは、言うまでもなく自分が専門とする教科をちゃんと教えることです。それができて初めて、生徒からも保護者からも信頼を得ることができます。しかし、もっと大切な役割があるとしたら、そのヒントになるのが、「どうぞお話しください。僕《しもべ》は聞いております」（サムエル上3・10）という聖書の言葉です。

この言葉は、旧約聖書に登場するサムエルという人物の子どものころのエピソードに出てくるものです。

今から三千年も前のことです。イスラエルの民の指導者にサムエルという人がいました。彼は子どものころ、エリという先生のもとに預けられていました。ある夜、「サムエル、サムエル」と呼ぶ声がします。先生が呼んでいると思ったサムエルは、すぐにエリのところに行って、「お呼びになったので参りました」と言いました。すると、エリは、「わたしは呼んでいない。戻っておやすみ」と答えます。サムエルは戻って床につくのですが、また自分を呼ぶ声を聞きます。エリのもとに行って、「お呼びになったので参りました」と言うと、エリはまた、同じように、「わたしは呼んでいない」と言いました。

そんなことが二度起こって、エリは気がつくのです。これは神がサムエルを呼んでいると。そこで、エリは、サムエルが三度目にやってきたとき、「戻って寝なさい。もしまた呼びかけられたら、『主よ、お話しください。僕は聞いております』と言いなさい」（サムエル記上3・9）とアドバイスします。エリは、サムエルに起こった出来事の意味をとらえ、神の声に対してどのように耳を傾けてよいかわからないサムエルに、適切なアドバイスをしたのでした。そしてここから、サムエルは、神の言葉を聞いてそれを民に伝えるという使命に生きるようになるのです。

学校の教師にも同じようなことが言えます。一人ひとりの生徒と授業やクラブ活動をとおしてかかわりながら、生徒のなかに起こる出来事を把握し、それが何を意味しているかを理解して、適切なアドバイスをする。これも教師の役割です。しかも、教師と生徒との相互の水平的なかかわりを超えて、もっと「上」のことを指し示すことができる。その生徒が目指すであろう、「上」のことを指し示すのです。

どうぞ
お話しください

僕《しもべ》は

聞いて おります

祈りなさい

もう三十年も前の話になりますが、当時私が勤めていた中学校にある少年が入学してきました。とっても優秀な生徒で、一度の授業を終えた後で、どの先生もこの子は間違いなく国立大学に行くだろうと予想できるほどでした。どんなテストをやってもたいがい満点でしたし、定期テストはいつも学年でトップでした。高校一年生のとき、父親の仕事の関係でロンドンに行くことになり、一年間留学しました。帰国後はそのまま高二のクラスに戻りましたが、定期テストではやはりトップでした。一年間、日本で勉強していないにもかかわらず、です。そんな生徒でしたから、教師の予想にたがわず、国立大学に合格しました。

その生徒に、一年後輩の生徒が、どうすれば大学に合格できるか、電話でアドバイスをしてもらったそうです。彼は、物理の参考書としてはこれ、数学のあの先生の授業は絶対にまじめに取り組むように、古文はこの参考書は役に立つと、ていねいに教えてくれました。後輩の生徒が「それだけですか」と聞くと、最後に彼は「そして、祈ること」と答えたといいます。この答えを聞いて、後輩はびっくりしました。あれほど優秀で、なんでもできる先輩をして、最後は祈りなのかと。

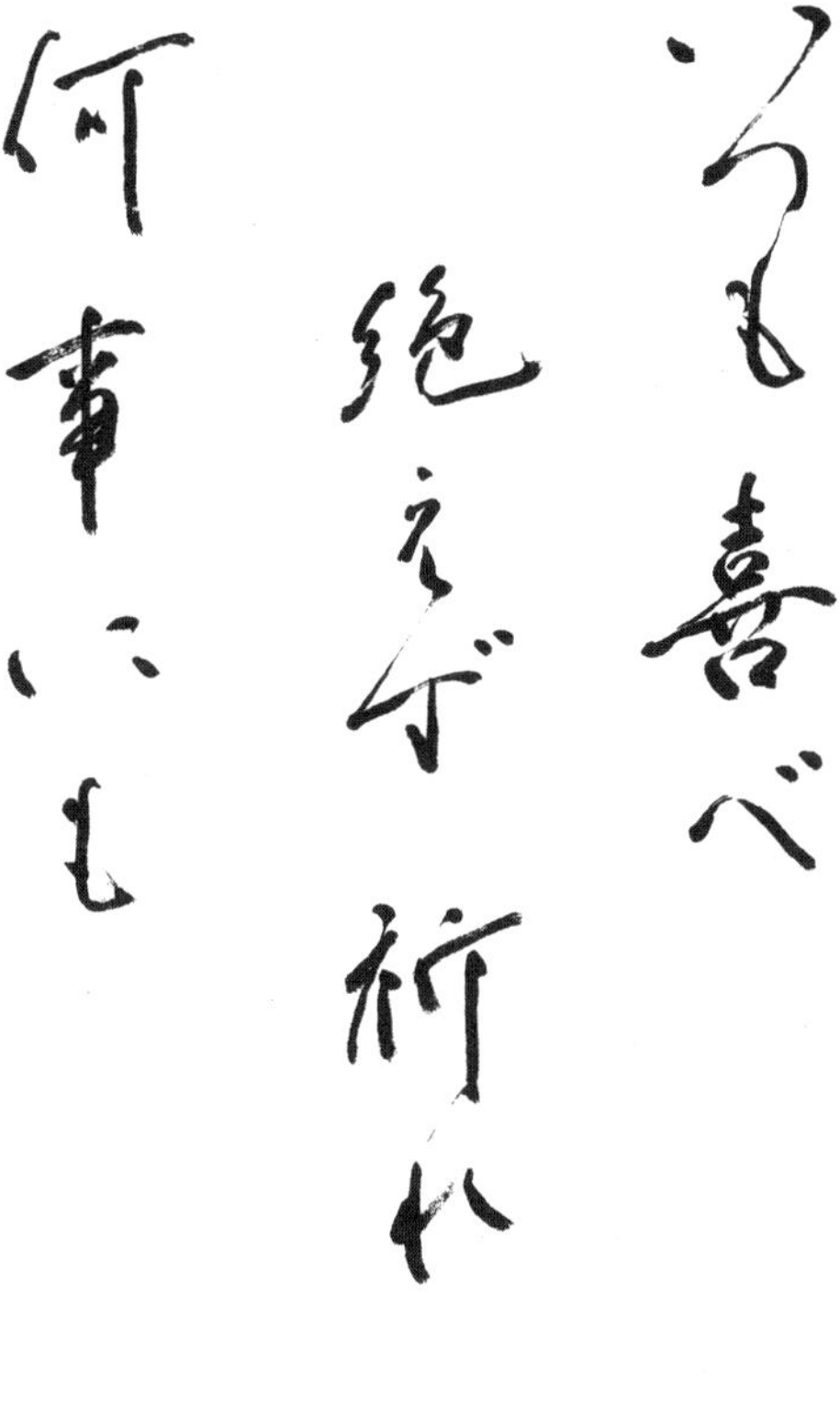
いつも喜べ
絶えず祈れ
何事にも
感謝

私はこのエピソードを耳にして、彼らしいと思いました。そして、祈るということがただ単に、「こうしてください」とか「私の願いがかないますように」といったレベルのものではないことを改めて感じたのでした。

日本には、とくに男子に対して、神仏に頼ることを潔しとしない風潮があります。何事も自分の力で行い、自分の力で勝ち取ることをよしとするのです。でも、本当にそうでしょうか。自分の力の及ばないことは、この世界には山ほどあります。自分の力を超えていようとも、それでも何かをなさねばならないことも少なくはありません。そんなとき、人はどうするか。祈るしかないのです。そして、そのようにして人は、謙虚になるのです。その祈りとは、決して「こうしてください」「こうなりますように」というものではない。自らが引き受けようとする「なさねばならない」ことの実現に向けて力を得るために祈るのです。

ここで紹介するみ言葉は、新約聖書のなかの「いつも喜んでいなさい。絶えず祈りなさい。どんなことにも感謝しなさい」（一テサロニケ5・16〜18）というものです。

「いつも喜んでいなさい」と言われても、人間はいつも喜ぶことばかりに出会うわけではありません。悲しいときも、つらいときもあります。でも、自分がこうして存在していることを、今こうしてあることを、根本的なところで喜ぶことができる、これは大切なことです。

また、私がみなさんに望んでいることは、みなさんが祈ることを知る者になってほしいということです。そのためには、「絶えず祈りなさい」。たとえば「瞑黙」の大切さを考えてみるのもいいかもしれません。

最後に、「どんなことにも感謝しなさい」。どんなささいなことでも感謝できる、いつもと同じことにもそのつど感謝することができる、これはすばらしいことです。目で見るもの、耳で聞くもの、手に触れるもの、何であれ、そこにあることを感謝する、そんな人間になれたらなぁと思います。

なかだるむな！

近年、公立学校でも中高一貫教育への試みがみられるようになりました。中高六年間の一貫教育に携わっているとよく耳にするのが、中三から高一の時期に「なかだるみ」がやってくる、という声です。六年も同じ学校に通い、同じ仲間がいて、先生もそんなに変わらないという状況のなかで、なかだるみは当然、しかも男子校ならばなおのこと、男の子にとって思春期まっさかり、反抗期もある、大人になるうえでちょうど中途半端な時期だからと、このなかだるみを仕方のないものと見る風潮があります。でも、果たしてそれでいいのでしょうか。

人生のどこかでなかだるみの時期はあると思います。あるいは一年のスパンで考えても、一時期どこかがゆるむということもあるだろうと思います。いつでも頑張って、肩肘張って、緊張状態を保ち、集中力を維持するということは、人間には不可能なことです。だからどこかで適当に力を抜いたり、リラックスする時間をもったりするのです。それは、たるみ切っていいということではありません。メリハリをつけることによって、また元気になり、頑張る力を得るためなのです。でも、自分の人生のうちの二年間もゆるみ続けていたら、人生全部がなかだるみ状態になってしまうのではないでしょうか。

私は、中三から高一の時期がなかだるみの時期だとは思いません。私自身、振り返ってみても、中三から高一は、自分の人生のなかで勝負のときでした。人生の方向性が、具体的には見えなくても、ある形を見せ始め、先のことはわからなくても、歩み出した時期でした。そこで、なかだるみなんかしていたら、望みを実現していこうとする人生の土台が崩れてしまいます。

なかだるみを言い訳にしてはいけません。環境が変わらないことのせいにしてはいけません。今の歩みの日々の積み重ねが自分自身をつくっていくのです。なかだるみだという言い訳のうちにも、自分自身は形成されていくのです。言い訳をしていては、あまりたいした自分にはなれません。何か自分の望む姿を想像することができれば、なかだるみをしている暇はないのです。

目標を目指してひたすら走る

聖書のなかに「目標を目指してひたすら走る」という言葉があります。この言葉を見ると、いつも思い出す出来事があります。

もう二十年以上前のことになりますが、当時私が教師として勤めていた神戸の学校で行われるマラソン大会は、三十キロを走りました。中一から高二までの生徒が一斉にスタートして、五十位以内に入れば表彰されます。中一のある生徒は身長も百四十センチそこそこの小さな子でしたが、五十位以内に入ることを目標にして一生懸命練習していました。大会当日、彼は頑張って走ったのですが、ゴールしたときは五十一位、残念ながら五十位以内に入ることはできませんでした。彼はゴールした途端、声を出しながら泣き始めたのです。私は、あんなに頑張ったのに五十位以内という目標をあと一歩というところで達成できなくて、それで泣いているのだろうと、可愛そうに思いました。肩を震わせて泣いているので、よく頑張った、と声もかけることもできず、泣いている姿を見ていることしかできませんでした。

数日たって、私はその生徒に、なぜ泣いたのか聞いてみました。すると彼はこう答えたのです。「スタートしたときは三十キロ全部走ろうと思っていたんですが、どうしても途中で苦しくなって歩いてしまいました。それでもあきらめずに走り続けたのですが、ぼく自身、ゴールまで行きつくとは思いませんでした。最後まで走れた自分自身に感動して泣いていたのです」

私は呆然としました。中一の子の口からそんな言葉が出てくるとは思わなかったからです。そして、そんな中一の生徒がいるのかと静かに感動しました。

「神がキリスト・イエスによって上へ召して、お与えになる賞を得るために、目標を目指してひたすら走ることです」（フィリピ３・14）

もしあなたが何かに挑戦することがあったら、目標を目指して、ひたすら走ってみてください。こんなに走れたと自分自身に感動することができたら、どれほど幸せでしょうか。生きるということは、長いマラソンを走っているようなものです。途中で歩きたい、休みたいと思うときもあるでしょう。でも、いつも次の目標に向かってひたすら走ってほしいと願っています。

定められてゐる
競争を
忍耐強く
走り抜く

忍耐強く走り抜く

もう一つ、スポーツの話です。聖書のなかに「自分に定められている競走を忍耐強く走り抜こうではありませんか」（ヘブライ12・1）という言葉を見つけました。

かつて、中学の教師として赴任した最初の年に、私はバレー部の顧問をしていました。夏休みにある中学校と合同練習を行うことになって、スポーツセンターでその学校の先生の指導を受けました。そこでバレーの基本を徹底的に練習したのです。オーバーハンドパスを三十分、ひたすら続けました。そして、時間が来ると、その中学校の先生は生徒を集めて、次のように言いました。

「お前たち、ずっと単純なパスばかりやって、何が出るかわかるか」

生徒たちはキョトンとした顔をしていました。

「汗が出ます」

ある生徒が答えると、先生は「そりゃ、そうじゃ。汗は出る。ほかに何が出る？」とまた尋ねました。汗のほかに何が出るかわからない生徒たちに、先生はこう言ったのです。

「いいか、汗のほかに、性格が出るんじゃ。単純なことばかり繰り返していたら、その人間の性格が出てくる。大儀《たいぎぃ》のう、疲れるのう、早くやめてくれやと思う者は、めんどくさがり。単純なことでも、心込めて、一生懸命やる者は頑張り屋。こうやって、パスを続けながら、自分の性格を知ることができる」

この話を聞いて、私はなるほどなあと思いました。確かに性格が出ます。それはたとえばマラソンでも同じことでしょう。走るという動きは単調なものです。走ることに何の意味があるのかと問いたくなります。しかし、すべてはチャレンジです。自分の性格に対するチャレンジでもあります。「自分に定められた競走を忍耐強く走り抜く」とき、君たちには何が見えてくるでしょう。

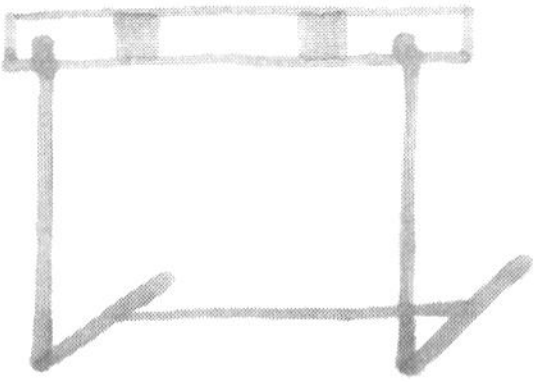

何を見なければならないのか

身体に障がいをもった子どもたちのクラスを受けもっているという美術の先生から聞いた話です。あるとき、生まれつき目が見えないという子どもが入学してきました。生まれつきと説明を受けていましたから、先生もそうだと思って接していました。生徒自身は生まれつき目が見えないと言われていたので、「見える」ということがどういうことかわかっていませんでした。しかし、ちょうど工作で、教室を暗くして授業をしていたとき、目が見えているような仕草があったのでよくよく観察して、もしかしたらこの子は見えているかもしれないと保護者の方に伝えました。

そこで病院に行って事情を説明し、綿密に検査したところ、見えない原因がわかりました。目には光が入ってくるのを調節する機能があるそうで、彼の場合、その調節する機能が壊れていて、光が全部目に入ってくるので見えない状態になっていたというのです。そこで手術が行われ、光の調節機能が回復されると、生まれつき目が見えないと言われてきた子どもが、見えるようになったのです。

私はこの話を聞いて、光が入りすぎて見えない状態になるということを知りましたが、それ以上に、見えるということがどういうことなのか、考えさせられました。

自動車免許を取るために教習所に通いました。初めて車を動かしたとき、ハンドルをしっかり握り、まっすぐ動くようにと恐る恐るアクセルを踏みました。まっすぐ動かそうとするのですが、なぜかふらふらしてしまいます。そのとき教官が、ハンドルばかり見て運転しても車はまっすぐには走らない、もっと先を見なさいとアドバイスしてくれました。車の先、三十メートルくらいを見ながら運転すると、確かに車はまっすぐ走りました。目先だけに気を取られるとふらふらする。人の生き方にも通じることだと思います。

イエスが目の見えない人を見えるようにしたというエピソードのなかに「見えるようになりたいのです」(マルコ10・51)という言葉があります。私たちはいったい何を見ているのでしょうか。せっかく目が見えているのに、今日一日の目先のことにだけ気を取られていると、まっすぐには歩けません。試験の成績や日々の出来事にとらわれていると、ふらついてしまうかもしれません。もう少し先を見る。自分の行く末、生き方、将来の展望。そのようなものを思い描きながら日々の出来事を受け止めていかなければ、まっすぐに歩むことはできないのです。

「見えるようになりたいのです」

何を見なければならないか、そんなことを心に留めて、毎日を過ごしたいと思います。

見えるように
なりたいのです

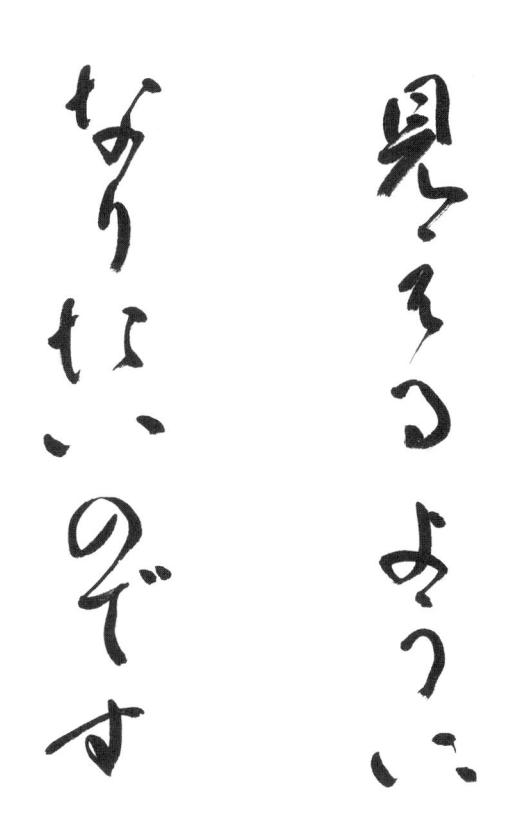

若者よ、起きなさい

福音書には、イエスが行った奇跡の話がいくつかあります。そのなかで、病気を癒すとか、悪霊を追い出すとかの話は、実際にあったであろうことを解説することができるのですが、死者がよみがえったという話はどのように理解し、解釈したものか、はたと困ってしまいます。ただ、死者をよみがえらせるとき、一つの例外を除いて、それは必ず若者であり、イエスは、「起きなさい」と言うのです。

死んだ状態になっている若者を立ち上がらせる、そのように考えると、私たちの周りにも、同じようなことはあるかもしれません。たとえば、廊下を歩きながら授業中の教室の様子を眺めるとき、死んだ状態になっている生徒をときどき見かけました。寒いところから暖房の効いた部屋に入ると眠くなるものですが、そのためかどうか、授業をまったく無視して、眠りこけている生徒を目にすると、「若者よ、あなたに言う。起きなさい」と、怒鳴りたくなったものでした。

二十年間教員をやって、中高の六年間、授業中一度も眠らなかった生徒を、私は一人だけ知っています。

「だって、先生、授業料がもったいないじゃないですか。親は苦労して、ぼくの学費ために働いているんですから。それにどんな授業でも学ぶことはあるもので、つまらないなあと思うことでも勉強になります」

そう彼が言ったことがありました。なるほど……。

集中力を欠いて、授業に臨まず、死んだ状態になっている生徒を見ると、悲しくなります。世の若者たちよ、この言葉をしっかりかみしめてください。

「若者よ、あなたに言う。起きなさい」（ルカ7・14）

良い麦と毒麦

聖書の言葉から、毒麦のたとえと言われる話を紹介しましょう。

畑には良い種を蒔いたはず。ところが、しばらくすると、毒麦もでてきてしまいました。すぐに抜き取りましょうかと僕たちが言うと、主人は、いや、待ちなさい。毒麦を引き抜くときに、良い麦も引き抜いてしまうかもしれない。両方とも育つままにしておきなさい。収穫のときが来るまで待ちなさい。そうすれば、はっきりと見分けることができ、良い麦と毒麦とをえり分け、毒麦は集めて焼き払い、良い麦を倉に入れなさい、という話です。

この話は私たち一人ひとりに当てはめることができます。人間のなかに、良い麦と毒麦があります。人間が育っていくプロセスには、必ず良いものと悪いものとがでてきます。元気がなくなる、さぼりたくなる、怠け心が生まれる、自分が何ものかわからなくなる、どうでもよくなる、物悲しくなる、何の希望ももてなくなる、などなど。前に進もうとする気持ちを損なってしまうようなことがでてきます。それらすべてを毒麦と考えてよい。そして、それを見つけたら、すぐに引き抜こうとします。しかし、イエスは言います。待ちなさい。両方とも育つままにしておきなさい。良い麦まで引き抜いてしまうかもしれないから、収穫のときが来るまで

教育の
力に
待つべき

待ちなさい。時が来れば、良い麦と毒麦ははっきり見分けられる。そうすれば、えり分けるのは簡単です。

教育は、待つことが大切です。一人ひとりとかかわりながら、私たち教員は、生徒たちのなかに生じる良い麦と毒麦とを見分けていくことができます。しかし、待ちます。待つことをとおして見極め、時が来れば、毒麦を引き抜いていきます。かつて日本の教育現場で唱えられた「ゆとり教育」は、いつの間にか消えていきました。本当の「ゆとり教育」とは、人間一人ひとりが成長していくのを待つ「ゆとり」をもつことなのではないでしょうか。

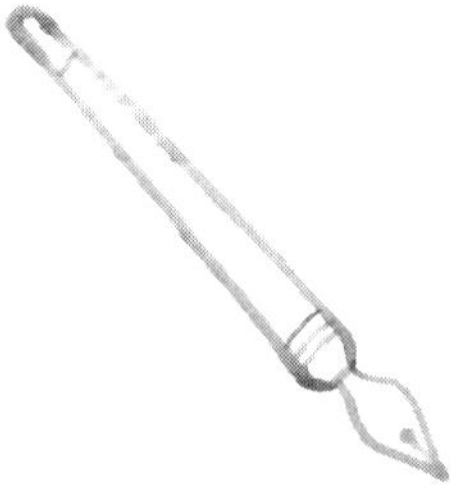

力を尽くし、思いを尽くして

人は人生のなかで立ち向かわなければならないものが三つあります。人の一生において、力を尽くし、思いを尽くして、何としても獲得しなければならないものです。

一つ目は、自分の一生の仕事として何を選ぶか、というものです。人としての一生を得て、自分がなさねばならないことを獲得しなければなりません。

二つ目は、自分の生涯の伴侶を得るということです。ある出会いによって、この人こそ、自分の生涯の伴侶であるという思いを強くすれば、自分のすべてをかけて獲得しなければなりません。

三つ目は、神を信じるか否かを選択しなければなりません。これは生涯をかけての問いとなります。

このような三つのことを得るために、人は学んでいきます。日々努力を重ね、自分を磨いているのです。ボーッとしている暇はない。その意味で、学校は修行の場だと言ってもいいでしょう。

「心を尽くし、精神を尽くし、思いを尽くし、力を尽くして」（マルコ12・30）自分を磨き、高めていかなければ、生涯においてもっとも大切な三つのことを得ることはできません。

疾風怒涛

毎年卒業の時期になると、卒業生一人ひとりに、心からおめでとうと同時に、お疲れさまでしたの言葉を贈りたいと思ったものです。卒業式の日は、ともに過ごした六年間、中学受験のときから今までのことを思い返していました。

中学受験の面接で、なぜこの学校を志望したかとの質問に、「他者のために仕える、men for others になるためです」と力強く答えてくれた小学生がいました。見事合格し、卒業していきました。彼は、men for others になったでしょうか。

入学したら何がしたいかとの質問に、野球部に入って甲子園に行きますと答えた小学生がいました。無事合格し、卒業していきました。残念ながら甲子園には行けませんでした。

いつも、それぞれの六年間を思い返すたびに私の頭のなかを去来したのは〝sturm und drang〟という言葉でした。「疾風怒涛」という意味です。

もともと、十八世紀後半のドイツで、ゲーテを中心にして起こった文芸運動を指した言葉ですが、思春期の不安定な感情や葛藤をあるがままに描くところから、若いときの一時期を指す言葉として使われることもあります。とてつもない風が吹き荒れ、怒りに満ちたような波が押し寄せるということですが、中学高校の六年間は全体が吹き荒れ、荒波が押し寄せるようなそんな時期もあったかもしれません。

大きな嵐を経たあとに、人間として大きく成長していく、そのような姿を見ることは、教育に携わる者にとって大きな喜びです。もちろん、さまざまな苦労が伴ったことは言うまでもないでしょうが、その苦労は、卒業生を送り出すという形で報われます。私はそのことを、毎回素直に喜ぶことができました。

私たちは一人ひとり、個性をもったユニークな存在です。個性というものは、ときに多様的で豊かなものを生み出しますが、ときに物事をばらばらにしてしまう危険をもち合わせています。個性というものがただ単に自己主張だけのために発揮されるならば、周囲にとっては大きな迷惑であり、顰蹙《ひんしゅく》を買うだけです。もし誰かのために発揮されるならば、個性は光輝くものとなります。

「一つにしてください」「一つになるように」、これは聖書のなかで、イエスが自分の生涯の終わりのときを覚悟したときに、弟子たちのために祈った言葉です（ヨハネ17・21〜23参照）。自分のあとに残された弟子たちが一つになることによって、神がイエスをこの世に遣わしたことを、イエスがどれほど弟子たちを愛していたかを、この世の人々が知るようになる、と言っています。

そこで覚えておいてほしいことがあります。私たちも、周りの仲間と一つになることによって、互いのきずなを深め、あなたたちの存在、あなたたちが所属している場所を知ることになり、そして自分たちがいかに愛されているかを知ることができるのだということを。

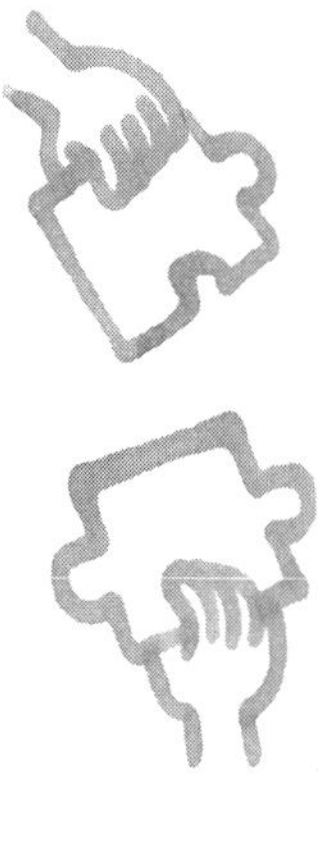

何のために生まれてきたか

二〇〇三年に就任した校長職を、二〇一〇年三月に退任するにあたって、なんとか大過なく終えることができたと安心しつつ、校長として最後に何を話したらよいものか、何日かかけて考えました。

私にとって広島学院は雲の上の学校でした。この学校がカトリックの学校であることを私は小さいころから知っていました。あこがれの学校でもありました。小学校のころ、「ろくむし」や野球しかせず、塾といえば「そろばん塾」しか知らない私に、学習塾は無縁でした。成績がいいはずもありません。家庭の経済状況は最悪で、とてもじゃないけど私立の学校に行かせることはできません。

そんな私が教員になったとき、本当に教えることができるんだろうかと不安でもあり、面映《おもは》ゆい気持ちでもありました。昔の私のことを知る者が、「あいつ、先生になったんだと」と知れば、どう思うだろうかとか、そんなことも想像していました。そんな者が校長になったとなれば、それは驚天動地、天変地異に等しい。

それでもなんとか、七年間、勤め上げることができました。これもみな生徒や教職員のみなさんのおかげです。

私学の校長会で私が退任することを話したとき、ある学校の校長先生が、「ほんとにやめるんですね。この後、どうなるんでしょうね」と言ってきました。

「私の後は、なんとでもなりますよ。それに私は、とくに何もしてきませんでしたから」と答えると、この校長先生、こう言いました。「何もしないでいいんですよ。全部、周りの者がやってくれる。あなたは、そこにいることが大切なんです」

この言葉を聞いて、これはほめ言葉なんだろうかと、私は考え込んでしまいました。

あれやこれや振り返ってみると、本当に、私はこの学校で校長をするために生まれてきたんだろうと思うことがあります。ですから、この校長職を終えて、私の人生は終わりました。もしあと何年か生きるとすれば、それは「おまけの人生」です。「おまけ」なので、頼まれることはなんでもしようと思います。「はい、承知しました」という人生にしていこうと思っています。

今日まで私を支えてくださったみなさん、本当にありがとう。

第二章

聖書のおはなし

闇に住む民
は大いなる
光を見る

はじめに言《ことば》があった

宇宙の神秘に思いを馳せるとき、なぜか人間は深遠な思いに満たされます。誰でも星を眺めながら、宇宙のことを考え、深い問いに直面したことがあるのではないでしょうか。「初めに何があったのだろうか」と。

ヨハネ福音書は、「初めに言（ことば）があった」（1・1）と記します。「言」と訳されたのはギリシア語の「ロゴス」という言葉です。日本語ではほかにも、「理性」「原理」「理」「道」「学問」などなどいろいろな訳が可能で、この言葉のもつ意味を理解するにはなかなか骨が折れます。

この「ロゴス」について考えていたとき、一つのエピソードを思い出しました。江戸時代の末期、現在の愛知県知多半島の漁師が漂流し、数人の者が生き残って、アメリカまで流されてしまいました。その後、保護されてアメリカの西海岸から東海岸へ、さらにイギリスに渡り、そしてマカオまでやってきます。そこでモリソン号という商船に乗せられて、日本帰国を果たそうとしましたが、当時の幕府は、「外国船打ち払い令」を出していましたので、モリソン号の入港を拒否してしまいます。結局、彼らは日本に帰ることができず、マカオに引き返さざるを得ませんでした。

マカオで彼らは、聖書をアジアの国々の言葉に翻訳していたギュッツラフという宣教師の手伝いをすることになりました。聖書のなかのいろいろと難しい言葉の説明を宣教師から聞き、それを日本語でなんと言ったらいいかを考えたのです。そのなかでいちばん難しかったのが「ロゴス」でした。おそらく宣教師から「ロゴス」について、「理性」や「原理」、「秩序」、「言葉」である、というような説明を聞いたに違いありません。そして最終的に、彼らは「ロゴス」を「カシコイモノ」と訳し、最初の日本語訳聖書（ギュッツラフ訳）は、「ハジマリニ　カシコイモノゴザル」と記されました。その訳語の裏には、彼らの数奇な運命が隠されているように思います。

宇宙が始まる以前には何もなかったでしょう。混沌としていたに違いありません。そして、その始まりに何があったのか。何かある者の「思い」があったと考えてもいいのではないか、と考えてみたら、結構おもしろいのではと、私は思います。

吹く風の中のいのちの息吹

「主なる神は、土（アダマ）の塵で人（アダム）を形づくり、その鼻に命の息を吹き入れられた。人はこうして生きる者となった」

旧約聖書の創世記（2・7）に出てくるこの言葉が真実だと感じた体験があります。もう二十数年前になりますが、ニューヨークにあるガン末期患者だけが入院できるホスピス専門の病院で、一カ月半ほどターミナル・ケアのボランティアをしたことがありました。そのとき初めて、人はどんなふうにその生涯を終えるのか、その瞬間はどのようなものなのか、その現場に立ち会いました。だんだんと、か細くなっていく人の息はやがて虫の息となり、最期の息を吐いて、その次の吸うであろうはずの息を引くことがもはやできないで、息絶えるのです。

医者がやってきて、脈があるかどうか調べ、瞳孔の様子を診て、こう言いました。

"he has expired"（ご臨終です）

この言葉を聞いて、どういう意味かと辞書を調べてみました。そしてわかったことは、expiredという単語はex-spiritからくるということでした。spiritが外に出ていくということです。逆に、in-spiritなら、spiritが中に入って来るということですから、「元気になる」とか「鼓舞する」という意味になります。

このことに気づいて、すぐに思い浮かべたのが、創世記の神が人間を創造するときに出てくるさきほどの言葉だったのです。息が人の中に入ってきて人は生きるものとなり、その息が出ていくと人は死ぬ。その息の最初を、神が吹き入れたということなのです。この「息」も、そして「風」も、旧約聖書のなかでは「ルアハー」といい、新約聖書では「プネウマ」といいます。風はどこから吹いてどこへ行くのか、誰も知りません。ゆえに、何か神的なものを人は感じてきたのでしょう。小高い丘の上に立って、地上を見下ろしながら心地よい風に吹かれると、私は元気になります。

みなさんも、どこから吹いてくるかわからない風、いのちの息吹を感じてみましょう。きっと元気になります。

風は思いのままに吹く

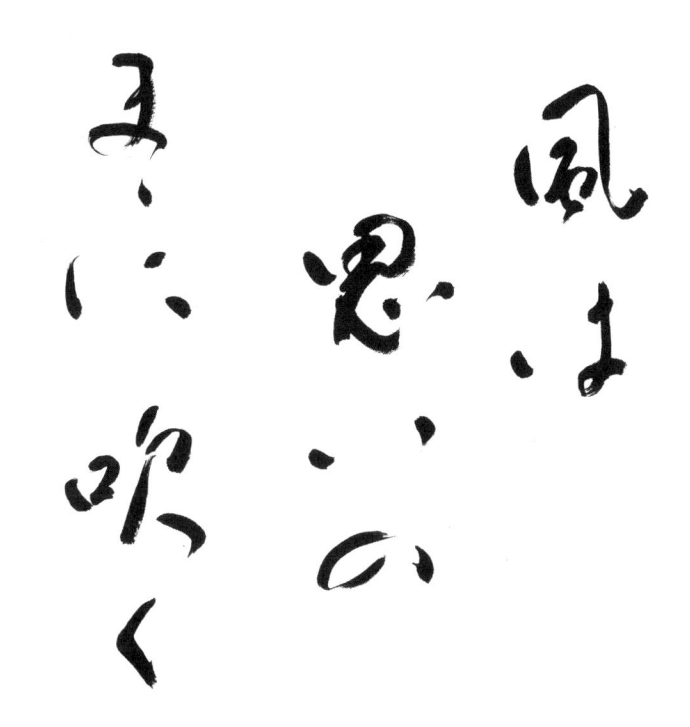

マリアによせて

お言葉どおり　LET IT BE

カトリック教会では、五月を聖母月といって、イエス・キリストの母マリアのために特別に祈りをささげます。五月は日本でもヨーロッパでも農作業が本格化する時期で、その年の豊作を願う行事が行われますが、キリスト教文化圏では聖母マリアに祈るということが習慣になっていったようです。母はいのちの源であるという考え方があり、イエス・キリストの母マリアこそ、すべてのいのちの源という思いが強かったのだと思います。

聖書には、それほど聖母マリアの言葉はなく、また、登場することも少ないのですが、それでも意味深い言葉が残されています。その一つが、「お言葉どおり、この身に成りますように」（ルカ1・38）です。これは、イエスを産むことになると天使から伝えられ、いったい何のことかと戸惑いながらも、マリアが答えた言葉です。

美術の世界では受胎告知というタイトルで、多くの名画の題材とされた場面でもあります。受胎告知の絵を眺めていると、どれも感じるのですが、マリアの戸惑いの姿と、その告知を受

お言葉どうり
この身になり
ますように

諾することによって、これから起こるであろうさまざま困難を予想しながらも、それでも神を信頼し、その神の言葉に自分をささげようとする決然とした姿勢が読み取れます。お言葉どおり、この身になりますようにという姿勢に、人間と神とのかかわりの基本姿勢みたいなものを感じるからこそ、多くの芸術家は敬虔な思いを込めて、この場面を描いたのだと思います。

また、この言葉を知恵に満ちた言葉であるとして歌を歌ったのが、イギリスの伝説的ロックバンド、ザ・ビートルズでした。『LET IT BE』という有名な歌がありますが、そこでは、種々の困難のさなかにあったとき、聖母マリアが近づいてきて、知恵に満ちた言葉を語ってくれた、それは〝LET IT BE〟だ、と歌っています。あるがままにすべてを受け入れよう、という意味でしょうが、自分に与えられたすべてのものを、それがよいものであっても悪いものであっても、幸福であっても不幸であっても、苦難や困難さであっても、すべてを受け入れ、あるがままに生きていこうということです。日本語で「この身に成りますように」という部分が英語で〝LET IT BE〟といわれています。

私たちも、自分の日々の生活のなかで起こるいろいろな出来事、自分の身に起こるであろうさまざまな事柄を体験しながら、どうして不幸なのだろう、なぜこんな目にばかり遭うのだろうと、否定的に思うのではなく、すべてをあるがままに受け入れ、あるがままに生きていく姿勢を身につけたらいいのではないかと思います。そのほうがもっと生きる力が出るはずです。

神がわたしをとおして偉大なことをなさった

ところで、私は机の前の壁に次のような言葉を貼って、その言葉を眺めては、自分を元気づけていたことがありました。その言葉は、〝Pray as if everything depends on you;Work as if everything depends on God〟です。なかなかいい日本語訳ができないのですが、直訳すれば、「何事も自分によるかのように祈りなさい。何事も神によるかのように働きなさい」という意味でしょう。

普通なら、祈りというのは、神に祈るのですから、「神さま、すべてはあなたにかかっています。どうか力を与えてください」と祈ります。そして、ことをなすときに、自分の力でなんとかしようとします。ですから、〝Pray as if everything depends on God ; Work as if everything depends on you〟のほうが普通だということになります。でも、自分が何とかしようと祈り、何かをなすときは、私がするのではなく、神ご自身が私をとおしてなさっているのだという確信は、深い信仰なくしては生まれないと思います。

ある年の大河ドラマで宮本武蔵を放映したことがありました。私は、ほぼ毎週楽しみに観ていたのですが、実は、視聴率はあまり伸びませんでした。どこに原因があるかというと、ドラ

力ある方が
わたしに
偉大なことを
なさいましたから

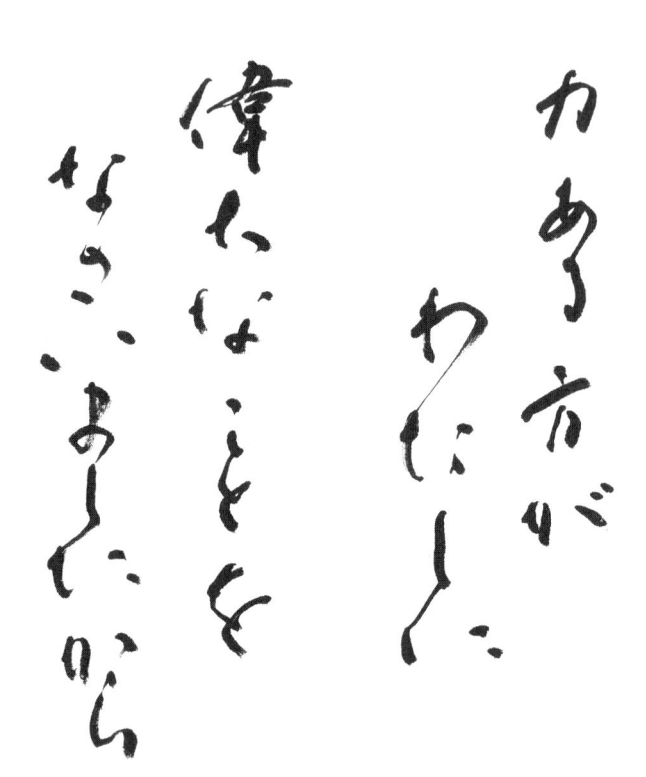

マで演じられる武蔵の生き方だというのです。私の弟も、「俺は強い、俺は強いと無理している武蔵は見ていて疲れる、もう観るのやめようかと思う」と言っていました。六十余たび戦って負けたことがない武蔵は、俺は強い、俺は強いと自分自身に言い聞かせ、そして実際強くなるわけですが、俺が、俺がという生き方に見ているほうが疲れてしまったのでしょう。

考えてみれば、自分自身で何かをするというのには限界があります。自力でなんとかしようとすればするほど、無理が生じてきて、結局何にもできなかったということもよくあります。だからこそ、人の力を借りて、協力して、力を合わせることの大切さを、人間は知るのです。

自力でなんとか頑張ってやり遂げるということも大事なことでしょうが、実はそこには一つの落とし穴があります。それは、何かをやり遂げても感謝することができないということです。感謝することがなければ人間は傲慢になります。感謝する心から謙虚さが生まれます。傲慢な人間と付き合っていてもおもしろくも何ともありません。不快感だけが残るでしょう。

さて、マリアの話に戻りましょう。カトリック教会では、五月三十一日は伝統的に「聖母のご訪問」の祝日といわれています。天使のお告げを受けたマリアが親戚のエリサベトを訪問したという出来事を記念する日です。マリアの訪問を受けたエリサベトが「あなたは女の中で祝福された方です」（ルカ1・42）と言うと、マリアは喜びに満ちて「力ある方が、わたしに偉大なことをなさいましたから」と、神を讃える歌を歌いました。それがルカ福音書のなかに出てくる「マリアの賛歌」、マグニフィカト（magnificat）といわれるものです。
マリアは天使のお告げを受け、救い主の母となることを受け入れました。しかし、その子イエスが、どのような人生を歩むのか、まさか十字架上で処刑されるということなど、まったく予想することもできませんでした。救い主の母となるがゆえに、自分の身の上に起こるであろう出来事を何ひとつ予測することのできないまま、それでもすべては、力ある方が自分をとおして偉大なことをなさるのだと受け入れました。その確信のうちに、マリアの深い信仰と謙虚さを読み取ることができます。

others のために

この「マリアの賛歌」は芸術の世界でも人々に愛され、クラウディオ・モンテヴェルディやヨハン・セバスティアン・バッハなどの作曲家が管弦楽と合唱などを用いた作品をつくっていることでも有名です。では、一緒に味わってみましょう。

わたしの魂は主をあがめ、
わたしの霊は救い主である神を喜びたたえます。

身分の低い、この主のはしためにも、目を留めてくださったからです。
今から後、いつの世の人も、わたしを幸いな者と言うでしょう、
力ある方が、わたしに偉大なことをなさいましたから。
その御名は尊く、その憐れみは代々に限りなく、主を畏れる者に及びます。
主はその腕で力を振るい、
思い上がる者を打ち散らし、
権力ある者をその座から引き降ろし、
身分の低い者を高く上げ、
飢えた人を良い物で満たし、
富める者を空腹のまま追い返されます。
その僕イスラエルを受け入れて、
憐れみをお忘れになりません、
わたしたちの先祖におっしゃったとおり、
アブラハムとその子孫に対してとこしえに。

（ルカ1・47〜55）

この歌の前半部分は神を讃える内容になっていますが、後半部はとても厳しいもので、「思い上がる者」「権力ある者」「富める者」を糾弾しています。

マリアはこのとき、おそらく十四歳か十五歳くらいの少女にすぎません。そんな女の子が、こんな過激な歌を歌えるはずはありません。これは、旧約聖書に登場する預言者の言葉を引用しながら、マリアの歌としてつくられたものだと思われます。

預言者たちは、政治を行う者や権力者たちが、神の思いを実現しないようならば、手厳しく批判しました。「わたしは決して赦さない。彼らが正しい者を金で、貧しい者を靴一足の値で売ったからだ」（アモス2・6）というように。

「神はわたしに偉大なわざを行われた」とマリアは歌いました。その偉大なわざとは何かというと、思い上がる者、権力ある者を糾弾し、反対に、「身分の低い者」「飢えた人」を心に留められるということなのです。

Men for others という言葉を聞いたことがあると思います。イエズス会を母体とする学校全体のモットーでもあるのですが、その others は誰のことかというと、案外知らない人が多いかもしれません。マリアの歌にある「身分の低い者」「飢えた人」が、実は others なのです。

私たちもマリアに倣って、others のために生きる人間の理想を失うことがないようにしましょう。

「救い主がお生まれになった」～愛される原点

人間が人間として存在できる、私という人間が私として何か安堵して存在できるためには、二つのことが必要です。一つは、愛されること、もう一つは肯定されることです。

人は誰でも愛されて生まれてくると思いたいのですが、必ずしもそうでないということがあります。愛されることがなかった子どもは精神的にひどく不安定です。否定ばかりされて肯定されることがなかった子どもは劣等感ばかりが強くなってしまいます。子どもを愛せない、肯定できないときに、幼児虐待、児童虐待が起こります。

愛されることに、あるいは愛することに、条件があってはなりません。こうだから愛する、このような条件が整っているから愛されるというのは、愛ではありません。愛は無条件のものです。他方、肯定される、評価されるというのは、愛とは違って条件があります。これこれの条件を満たすから評価されるのです。与えられた条件を満たすために人間は努力します。そしてその努力が実って評価されます。

ところが、ここで大きな問題が起こってきます。いくら努力しても、どんなに頑張っても、評価されないという体験を人間はするからです。勉強でも仕事でも、どんなに頑張っても、努力しても、成績が上がらないという体験は誰もがあると思います。そんな体験ばかりだと、人間はだんだんと劣等感をもち始め、ついには、自分で自分を評価するしかなくなり、そのために他人に対して批判的になっていきます。これもさびしい生き方だと言わざるをえません。

人間はどこかで評価されます。しかし、その評価は、何かをしたから、何かができたからといって、その結果を評価されるだけではないと思います。私が私であることを、あるがままに認められて、受け入れられるという仕方で評価されることも、あっていいはずです。私がすること、私ができることには限界があります。自分よりもできる人がいるかもしれません。競争して比較されれば、自分よりもできる人は、たくさんいるでしょう。そうだとすれば、私は私、あるがままの私であることが受け入れられ、評価されるという体験が必要になってくるのです。その体験があれば、人間は安心して自分であることができます。

こう考えてみると、評価されるとは、実は愛されることと同じだということがわかると思います。

「今日ダビデの町で、あなたがたのために救い主がお生まれになった」（ルカ2・11）

私たちは、飼い葉桶に眠る生まれたばかりの幼子イエスの姿のうちに、人が人として安堵して存在することの原型を見ることができます。

今日
ダビデの町で
救い主が
生まれた

聖書は、イエスが馬小屋で生まれたとは何も書いていません。おそらく人里離れた洞窟のなかで生まれ、聖書によれば飼い葉桶に寝かされていたのでしょう。無力で何にもできない幼子は、しかし、愛され、生まれてきてよかったねと無条件に評価される、そんな人々の眼差しを受けていたのだと思います。それを感じとるのがクリスマスの意義だと私は思います。

クリスマスが近くなると、毎年、いろいろなところで馬小屋を模したものが飾られるのを目にします。みなさんもこの馬小屋をぜひ覗いてみてください。クリスマスのミサのときに、その馬小屋の中に幼子イエスがそっと置かれますが、幼子イエスの姿のうちに、人が愛され、その存在が喜ばれ、そうして人として存在することのできる原点を味わうことができればと願っています。

なぜ幼子イエスは飼い葉桶に寝かされていたのか

先ほど紹介した聖書の言葉、「今日ダビデの町で、あなたがたのために救い主がお生まれになった」には続きがあります。

「あなたがたは、布にくるまって飼い葉桶の中に寝ている乳飲み子を見つけるであろう。これがあなたがたへのしるしである」（ルカ2・12）

「飼い葉桶に寝ている乳飲み子」とは、天使が羊飼いたちに「しるし」として告げた言葉だというのです。では、いったい何のしるしなのでしょう。聖書を手かがりにして、考えてみましょう。イザヤ書という預言書（1・2～3）に、こういう言葉があります。

天よ聞け、地よ耳を傾けよ、主が語られる。
わたしは子らを育てて大きくした。しかし、彼らはわたしに背いた。
牛は飼い主を知り
ろばは主人の飼い葉桶を知っている。
しかし、イスラエルは知らず
わたしの民は見分けない。

イザヤ書といえば、イスラエルの人なら誰でも知っています。しかもその冒頭部分の言葉ですから、「飼い葉桶」という言葉でピンときたはずです。牛やろばでさえ、生きていくために、自分の飼い主を知り、自分の食べ物が置いてある場所を知っている。それなのにイスラエルの民よ、お前たちは、お前たちを育て、導いた方を知らないでいる、忘れている、なんと嘆かわしいことかと、預言者イザヤの口をとおして、神が嘆きの心情を吐露しているのです。

なぜ幼子イエスは飼い葉桶に寝かされていたのか。それは、神がもう一度、人間にメッセージを与えているからです。生きていくうえで、どうしても知らなければならないことは何かを思い起こせということです。牛やろばでさえ知っている。人間を生かし、育て、導く方は誰かを知れ、ということです。幼子イエスこそその方である、その方が今お生まれになった、そのようなメッセージを天使は告げたのです。

イエスを知る、それは聖パウロも生涯をかけて追い求めたことでした。「わたしの主キリスト・イエスを知ることのあまりのすばらしさに、今では他の一切を損失とみています」（フィリピ3・8）とまで語っています。イエズス会の創立者聖イグナチオ・ロヨラは、イエズス会員に祈りの指導をするとき、「主イエスを深く知る恵みを願う」ように勧めました。二千年にわたって、多くの人々がイエスを知ろうとし、そして知ったがゆえに、人生を変えました。それは今なお続いています。

クリスマスは、神のメッセージが人間に届けられる日です。クリスマスはぜひ、家族とあるいは友達とお祝いしてください。日本中がいつキリスト教国になったのかと思うほどに、クリスマス、クリスマスと騒ぎますが、それはそれで、かまいません。クリスマスをお祝いし、そしてふと、このイエスは誰なのかと考えていただけたらいいと思います。

飼い葉桶に
寝かせてある
乳飲み子

そして母は、心を剣で差しぬかれる

秋の気配を感じるころ、いつも思い出すことがあります。実は、私は中高時代、秋になると本能的に三つのことが心のなかで高まってきたものでした。

一つ目は、誰かを恋するようになるということです。いつも秋になると、好きな子ができて、胸をときめかせていました。

二つ目は、無性に本が読みたくなるということです。図書室に行っては、本を借りて夜遅くまで読んでいました。たいてい、恋愛小説でした。

三つ目は、芸術・文化の香りに触れたくなるということです。美術館に行って、絵画や彫刻を鑑賞したくなります。

この三つは、私の中高時代のことで、大人になって神父になった今では、一番目のことは枯れてしまいました。しかし、書店に行って本をたくさん買ってきたり、どこかの美術館に行って、芸術の香りに浸ってみようという思いは、相変わらず沸き起こります。

そこで、芸術の話を一つ。私は、死ぬまでにぜひ本物を見ておきたい思う彫刻作品があります。それは、ミケランジェロの「ピエタ」という作品です。「悲しみの聖母」と言われていますが、

あなた自身も
剣で心を刺し
貫かれる

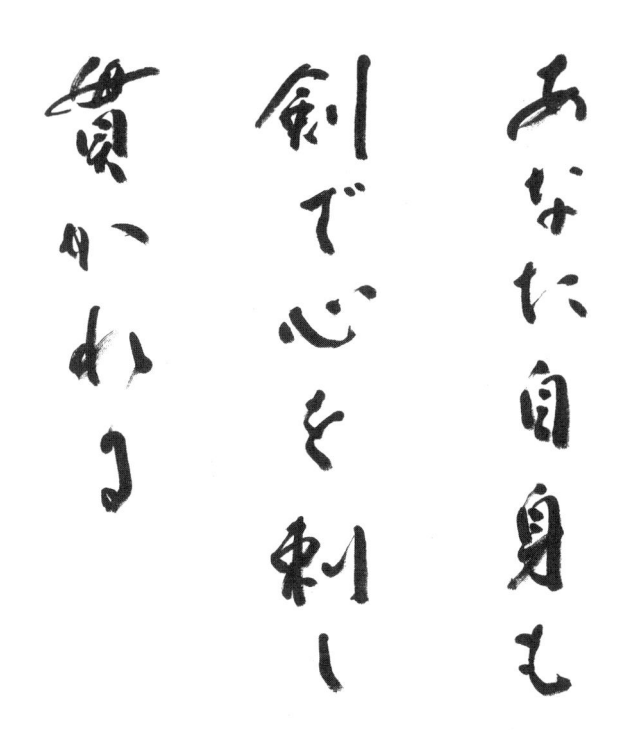

本物はバチカンの聖ペトロ大聖堂にあり、そのレプリカが東京カテドラル、カトリック関口教会にあります。たしか本物の三分の二ほどのものだったと思いますが、実に感動的な彫刻です。

　十字架にかけられて死んだイエスの亡骸を静かに両手で抱いている聖母マリアの姿を見ると、ミケランジェロはどのような思いでこの作品を完成させたのだろうかと考えてしまいます。イエスの生涯は言うまでもなく十字架への道を歩み、惨めな死を迎えたわけですが、その生涯の歩みを母マリアはどのような気持ちで見守っていたのだろう、わが子の亡骸をその手に抱きながら何を思ったのだろう、ミケランジェロもまた、そんなことを考えながら彫刻を形づくっていったのでしょう。

「あなた自身も剣で心を刺し貫かれます」（ルカ2・35）という聖書の言葉は、イエスの両親のマリアとヨセフが、当時の律法の規定どおり生まれたばかりの幼子イエスを主にささげるために神殿にやって来たときに、シメオンという人物から告げられたものです。イエスの母マリアの運命を暗示して予言されたものですが、わが子の受難を見守る母の心を表しています。

　ミケランジェロが「ピエタ」をつくるとき、彼はこの聖書の言葉を味わっていたのかもしれません。苦難の道を歩まざるを得ないわが子とともに歩む母の真実の思いが、その言葉のなかにあると思うからです。

　ところで、秋になったらみなさんもぜひ、恋すること、本を読むこと、芸術に触れること、この三つを味わってみませんか。そこに真実の何かが見えてくるかもしれません。

心の貧しい人々は、幸い

「心の貧しい人々は、幸いである」（マタイ5・3）という聖書の言葉がありますが、なぜ心の貧しい人が幸いなのか、多くの日本人は疑問に思うかもしれません。

物質的には貧しくても、心だけは豊かでありたい、そうでなければ幸せではないと考える傾向が強いからです。心が貧しい、それこそ不幸の極みであると思う人は多いでしょう。ゆえに、「心の貧しさ」についてはいろんな解釈が施されます。

「貧」という漢字は、「貝」を「分」けると書く。「貝」は昔、貨幣代わりに使われた。そこから、自分が大切にしているものを分かち合うことができる、それが「貧しさ」の意味だ。大切なものを他の人々と分かち合うことができれば、みんな幸せになる、という解釈があります。

聖書のなかの「貧しい」という言葉には、経済的に困窮しているという意味と、もう一つ、特別なニュアンスが込められています。ヘブライ語で「アナウィン」というのですが、力をもつ者が弱者を圧迫し、弱者が屈従を強いられ、打ちのめされ、打ちひしがれて、「屈み込まされている」状態を示す言葉です。そのような状態にある人々をこそ、神は力づけ、励ましてくださる、そして、そのような人々は神を求めることを知っている、だから幸いなのだと解釈す

心の貧しい
人々は
幸いである

ることもできます。

たとえば今、試験がうまくいかない、仕事でミスをしたと打ちひしがれている人は、「心の貧しさ」とは何か、なぜ「幸い」なのか、考えてみてください。そして、日々大切にしなければならないことも忘れずに充実した毎日をお過ごしください。

必要なことはただ一つ

「必要なことはただ一つだけである」（ルカ10・42）

これは、ルカ福音書の十章三十八節から四十二節の次のようなエピソードのなかに出てきます。

イエスはエルサレムに向かうとき、必ず一軒の家を訪れていました。ラザロという人の家です。ラザロにはマルタとマリアという姉妹がいました。いつものようにこの家を訪ねたイエスが、いろいろと話を始めました。姉のマルタはイエスをもてなそうとして一生懸命に立ち働いていました。食事の用意をしたり、飲み物を出したりしていたのでしょう。ところが妹のマリアは何も手伝おうとせず、ただ座ってイエスの話を聞いていました。そんなマリアを横目で眺めながら、マルタはとうとう腹を立て、イエスにこう言います。

「わたしの姉妹はわたしだけにもてなしをさせていますが、何ともお思いになりませんか。手伝ってくれるようにおっしゃってください」

するとイエスは、「マルタ、マルタ、あなたは多くのことに思い悩み、心を乱している。しかし、必要なことはただ一つだけである。マリアは良い方を選んだ。それを取り上げてはならない」と言うのです。

以前、教師として働いていたときに一人ひとりの生徒の家庭訪問をしていました。そのとき、ある家でお母さんが私を一生懸命にもてなし、コーヒーやケーキを出してくれ、コーヒーを飲み終わると今度はお茶を出し、飲み干すとまた新しいお茶を出しと、あれこれあれこれしてくれたことがあります。そのたびにお母さんは中座されるものですから、私のほうは落ち着きません。そこでお母さんに、「もてなしは結構ですから、お座りになってお子さんのことや学校の教育について一緒に話しませんか」と言ったことがあります。

「必要なことはただ一つだけである」、これは私たちにも言えることです。いろいろなことに忙殺され、あれもこれもと手を出して、忙しくなる。あのことこのことに気を遣って疲れてしまう。そんなときには、「必要なことはただ一つだけである」という言葉を思い出したらよいと思います。

必要なことは
ただひとつ
だけである

聖霊降臨 ～ 真理はあなたたちを自由にする

昔、東京で学生生活を送っていたとき、何回か国会図書館に行ったことがありました。日本で出版された本はすべて置いてあるというので、なかなか探している本が見つからないとき、そこに行って借りたものです。その図書館の入り口だったと思いますが、「真理はあなたたちを自由にする」という言葉が飾られています。これは聖書のなかの「わたしの言葉にとどまるならば、あなたたちは本当にわたしの弟子である。あなたたちは真理を知り、真理はあなたたちを自由にする」（ヨハネ8・31～32）から取られた言葉ですが、真理探究のために書物は欠かせませんから、そのような言葉が掲げられているのでしょう。

確かに、何かある問いをもったとき、誰もが答えを見いだそうとし、答えが見いだせるまでは、悶々とした日々を過ごします。答えが見いだせれば、心は解放された気分になり、「わかった！」と喜ぶことができます。その問いから解放されるのですから、当然でしょう。みんなが、数学の問題を解いたり、科学的な質問に答えを見つけたりしたときに感じる思いは、まさに真理を見いだして自由になったことを示しています。

しかし、人間の問いには、なかなか答えが見つからないものもあります。「私はなぜ生きて

真理は
あなたたちを
自由にする

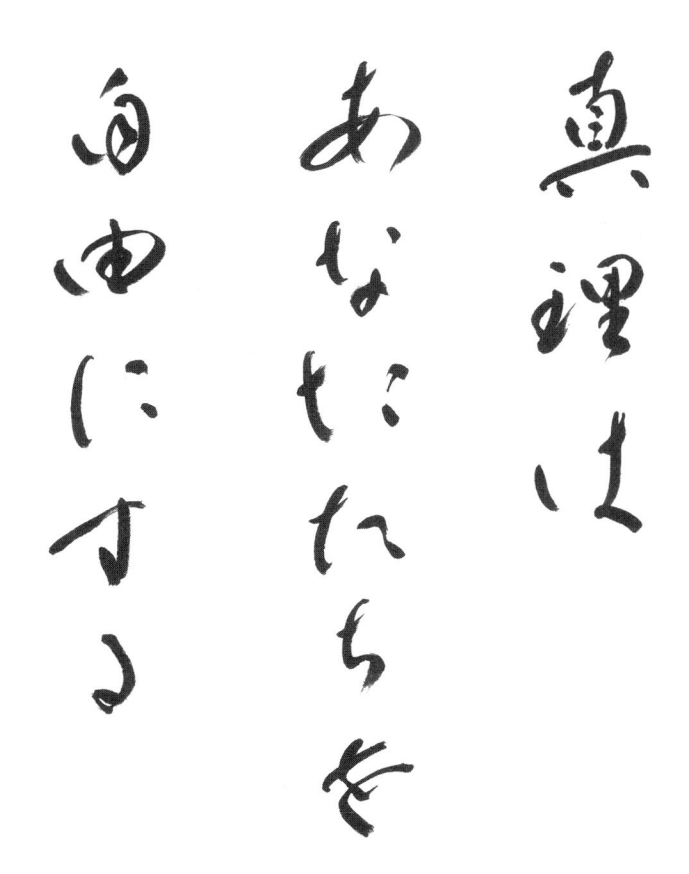

いるのか」、「私は何者なのか」、「生きること、死ぬこととは、そもそもなんであるのか」、「永遠のいのちとは何か」、このような問いは、簡単に答えを見いだせるものでもありません。そこで人間は、先達の書物をひも解いたり、師と呼ばれる人を訪ねたりして、答えの手がかりを得ようとします。

私は、真理を得ようとするとき、ただ自分が一生懸命努力するということと合わせて、なにか「上から」与えられなければならないと思っています。

カトリック教会はキリストの復活から五十日目に「聖霊降臨」という大きな祝日を祝います。イエスの死後、弟子たちはユダヤ人を恐れて隠れ潜んでいました。ところがある日、大きな風が吹いてきて、弟子たちを勇気づけ、そのときから彼らはイエスが救い主であることを宣教するようになり、キリスト教を全世界に伝えていく最初の日となった（使徒2・1〜13参照）ことを記念するものです。

この「聖霊」ついては、簡単に説明するのは難しいのですが、ヨハネ福音書は、「真理の霊」という言い方をしています。「真理の霊」があなたがたに与えられなければ、何も知ることはできない。この霊が与えられれば、あなたがたはすべてを知るようになる、というのです。そして、聖霊とはまさに「真理の霊」であり、それをあなたがたに送ると約束しました。「聖霊降臨」はその約束の成就をも意味する祝日なのです。

真理を探究すること、「真理はあなたたちを自由にする」ということ、それを味わってほしいと思います。

復活

マグダラのマリア「わたしは主を見ました」

毎年、カトリック教会はイエスの復活をお祝いします。そして翌日の月曜日は、アメリカやヨーロッパのキリスト教国といわれる国々では、EASTER MONDAYといって、お休みになります。日本でも、カトリック学校はカトリック教会の習慣に従って休みにしたらいいのですが、キリスト教がそれほど根づいていない日本ではそうもいきません。

キリスト教が日本に根づかない一つの理由は、「復活」ということがあまりピンとこないからでしょう。私は「復活」という言葉に問題があると思っています。「復活」という言葉から、たいていの人は、死んだ人間が蘇生したと考えるからです。聖書でいう「復活」というのは、「蘇生」を意味しているのではありません。そのことを念頭において、聖書をよくよく読んでみると、イエスの復活を語る話には二つあることがわかります。一つはイエスを埋葬したはずの墓が空っぽであったこと、もう一つは復活したイエスと弟子たちが出会ったことです。

イエスの生涯を描いた『新約聖書』にはマタイ、マルコ、ルカ、ヨハネと四つの福音書があります。それが成立していく過程を研究してみると、イエスの復活については、墓が空っぽであった話よりも、イエスと出会った話のほうが早く成立しており、こちらのほうが強調されていたことがわかってきます。「主を見た」「救い主に出会った」という証言が弟子たちの共同体では大切にされてきたのです。

復活したイエスとの出会いを語る話のなかで、私がいちばん印象的だと思うのは、マグダラのマリアとの出会いです。マグダラのマリアはかつて罪の女と指差されるような人でした。イエスと出会い、罪のゆるしを体験して、イエスにつき従いました。十字架上でのイエスの惨めな死にも立ち会いました。イエスが埋葬された墓に立ち尽くして、涙を流していました。

そこに天使たちが現れ、「婦人よ、なぜ泣いているのか」と尋ねます。彼女が「わたしの主が取り去られました。どこに置かれているのか、わたしにはわかりません」と言っていると、イエスが現れ、「婦人よ、なぜ泣いているのか。だれを捜しているのか」と尋ねます。

初めはそれがイエスだとはわからなかったマリアも、「マリア」と呼びかけられると振り向いて、「ラボニ」と言います。「先生」という意味のヘブライ語で、生前、彼女だけがイエスをそう呼んだ言葉でした。（ヨハネ20・1～16参照）

親しく呼び交わした呼びかけの声だけで、それが誰だかわかる、イエスとマグダラのマリアとの間で交わされた親しさのゆえに、二人が出会ったという話なのでしょう。そして彼女は弟子たちのところへ行って、「わたしは主を見ました」(同20・18)と告げるのです。

「JESUS CHRIST SUPER STAR」というミュージカルがあります。その中で、マグダラのマリアが何度も、〝I don't know how to love him〟(あの方をどのように愛していいのかわからない)と歌う場面が出てきます。罪人である自分をありのまま受け入れてくださったという体験がマグダラのマリアを立ち直らせ、それゆえに彼女は自分のすべてをかけてイエスに従います。しかし、どんな苦難が待ち受けていても、神からの使命を果たすことだけを追い求めて生きるイエスの姿に、彼女自身戸惑っている様子がよくうかがえる歌です。なにかを真摯に求めているからこそ、そのものに出会える。その喜びは復活の喜びに通じると言っていいと思います。死によっても失われることがなかったものとの出会いです。

私たちも、日々の生活をとおして、何を求め、何を探しているのか、自分のなかではっきり知らなければなりません。そして、自分の人生のなかで求めているもの、探しているものと出会うことができるよう努力し、祈らなければならないと思います。

エマオの旅人「わたしたちの心は燃えていたではないか」

みなさんは人の話を聞いたり、授業を受けたりして、「心が燃えた」という体験をしたことがありますか。私は今までに何度か、話を聞いて確かに「心が燃えた」体験をしたことがあります。

中学二年のとき、日本二十六聖人の話やフランシスコ・ザビエルの話を聞いて、そんな生き方があるのかと心が動いたものです。大学で哲学や神学の勉強をしていたとき、聖書の解説を聞いたり、自分で文献を調べたりしながら、そうだったのかと、心が躍るような体験もしました。「心が燃える」「心が躍る」体験は、自分の人生を方向づけるものになります。そのような体験がなければ、今の自分はないと私は確信しています。

さて、「わたしたちの心は燃えていたではないか」（ルカ24・32）は、復活したイエスと出会った弟子の言葉です。

二人の弟子が、イエスが十字架にかけられて死んでしまったので大いに失望し落胆して、エルサレムから故郷のエマオへ帰ろうとします。道々、なんでこうなってしまったのだろうと話し合っていたのですが、見知らぬ人が近づいてきて、何を話しているのかと尋ねました。彼らは、最近エルサレムで起こったことを知らないのですかと言いながらも、自分たちはこの人こそイスラエルを再興してくださる方だと期待していたのだが、十字架にかけられて殺されてしまったのだと説明しました。するとその見知らぬ人は、聖書をいろいろと解説して、「メシアはこういう苦しみを受けて、栄光に入るはずだったのではないか」と言うのでした。

故郷に近づき、夕方になって日も傾いてきたので、「一緒にお泊りください」と彼らが申し出ると、見知らぬ人は家に入り、そしてパンを取り、賛美の祈りを唱え、裂いて彼らに渡しました。そのとき、二人の弟子は、「イエスだ！」と気づきましたが、イエスの姿は見えなくなってしまいました。そして彼らは、「道で話しておられるとき、また聖書を説明してくださったとき、わたしたちの心は燃えていたではないか」と言って、すぐにエルサレムに引き返し、他の弟子たちにイエスに出会ったことを伝えたのでした。（ルカ24・13〜35参照）

復活のイエスとの出会いを語る、私の好きなエピソードの一つです。だから私はいつも「心が燃える」ような話に出会いたいし、自分でもそのような話ができたらなあと思っています。神父として話すときも、教師として教壇に立っているときも、いつもそのような話ができるわけではありませんが、そうなるようにと心がけているつもりです。

みなさんも、ぜひそのような体験を求めてください。そのためには、みなさんのうちに、「大いなる疑問」「深い問い」というものがなければなりません。それなしに、「心が動く」ことも「心が燃える」こともないのです。「心が燃える」ような話に出会えば、それは必ず、自分の人生を方向づけるものになります。

わたしたちの
心は燃えて
いたではないか

人は、本当に祈らなければならないときがある

世界中のカトリック人口はどれくらいかというと、十一億人を超えます。宗教のなかで、もっとも人口が多いのは、言うまでもなく、カトリックです。

ユダヤ教の一分派としかみなされなかったキリスト教が世界宗教となったのは、パウロという人物の宣教活動によるといわれます。しかし、パウロはもともとイエスを信じる者たちの迫害者でした。信者をひっとらえては、エルサレムに連行していったのです。ところが、ダマスコに近づいたとき、突然、「なぜ、わたしを迫害するのか」というイエスの声を聞き、地に倒れ伏してしまいました。目も見えなくなってしまい、同行の者がパウロの手を引いて、ダマスコに連れて行きました。パウロは三日間、目が見えず、食べも飲みもしなかったと、記されています。

ダマスコにアナニアという弟子がいて、彼は、イエスの声を聞きます。当時サウロと名乗っていたパウロを探しに行けということでした。イエスはこう言います。

「立って、『直線通り』と呼ばれる通りへ行き、ユダの家にいるサウロという名の、タルソス出身の者を訪ねよ。今、彼は祈っている。アナニアという人が入って来て自分の上に手を置き、

元どおり目が見えるようにしてくれるのを、幻で見たのだ」（使徒9・11〜12）

アナニアは早速パウロを探しに行き、見つけ出して、頭に手を置きました。すると、パウロの目からうろこのようなものが落ち、目が見えるようになりました。私たちがよく聞く、「目からうろこ」という表現はここに由来します。パウロはすぐに洗礼を受け、迫害者から宣教者に変わっていきました。

私はときどき思います、「今、彼は祈っている」、何を祈ったのだろうか。迫害者であることを悔いたのだろうか、それとも、今から自分のなすべきことがなんであるかを知ろうとしたのだろうか、あるいは、これから自分の身に何が起こるかを案じたのだろうか……。

その後のパウロの宣教は目覚しいものがありました。しかし、苦労も相当ありました。彼自身、手紙のなかで次のように言っています。

「苦労したことはずっと多く、投獄されたこともずっと多く、鞭打たれたことは比較できないほど多く、死ぬような目に遭ったこともたびたびでした。ユダヤ人から四十に一つ足りない鞭を受けたことが五度。鞭で打たれたことが三度、石を投げつけられたことが一度、難船したことが三度。一昼夜海上に漂ったこともありました。しばしば旅をし、川の難、盗賊の難、同胞からの難、異邦人からの難、町での難、荒れ野での難、海上の難、偽の兄弟たちからの難に遭い、苦労し、骨折って、しばしば眠らずに過ごし、飢え渇き、しばしば食べずにおり、寒さに凍え、裸でいたこともありました」(二コリント11・23〜27)

このような、彼を待ち受けるであろうさまざまな困難に立ち向かう勇気を、彼は祈ったのでしょうか。

もう何年も前になりますが、ある卒業生から夜遅く「先生、八日間の黙想をしたいのですが、どこかいい場所はありませんか」という問い合わせの電話がありました。彼が在学中のときから、私がひそかに将来イエズス会に入会してくれたらいいなと思っていた生徒でした。「八日間の黙想がしたい」と言うのですから、彼も覚悟を決めて、イエズス会への入会を望んだのかと、ちょっと期待しました。

「なんでまた黙想したいのか」と尋ねると、「実は、先生、結婚することにしました。それで、結婚する前に、祈りたいのです」という返事でした。「なんだ、そっか……」とがっかりしたのですが、彼の祈りたいという思いは大切です。

人間は、自分が今から本当に、何をなすべきかを考えるとき、祈らなければなりません。自分の人生の大事な局面を迎えたとき、自分は何をなすべきかを祈るのです。祈りとは、こうしてほしい、ああしてほしいというのではありません。自分がその一生をかけて何かをなそうとするときに、何をなすべきか、何を選ぶか、祈るのです。

毎朝、祈ってみる。その体験が、本当に祈らなければならないことを知るための第一歩になります。

第三章

生き方が語るもの

なすべき
ことは
ただひとつ

世阿弥～「初心」と「柔和な心」

室町文化を代表する能という芸能を完成させた人物は誰かと問われたら、多くの人が世阿弥と答えるでしょう。その世阿弥が書いた、能役者として成長していく極意を表した書物は何かという問いに、『風姿花伝《ふうしかでん》』（花伝書）という答えを出せる人もそれなりにいるかもしれません。ではさらに、その書物が語る根本的な思想は何かという問いに、「初心」と答えられる人になると、なかなかいないのではないでしょうか。

日本人は「初心」という言葉が好きで、いろいろな場面で、「初心に帰って」とか「初心を忘れずに」などと言います。この場合、「初心」の意味は、「最初に思い立ったときの心」「初々しくて、まだ純粋な思い」といったことです。

ところが、「初心」にはもう一つの意味があって、たとえば、「初心者」といえば、技術が未熟だということを意味します。自動車の運転免許取り立てのドライバーは、初心者マークを車につけなければなりません。将棋や囲碁でも、習い始めのころは、「まだ初心者ですから」と謙虚になります。

その世阿弥が『風姿花伝』以後、四十代から六十代までに彼が体得し、開拓し得た芸術論を集成した『花鏡《かきょう》』で、「初心忘るべからず」という言葉を書き残しています。この場合の「初心」は「未熟さを知る心」という意味で、「是非の初心忘るべからず」「時々の初心忘るべからず」「老後の初心忘るべからず」と言って、幼少のころから始めて少年期、青年期を経て、壮年期に至り、さらに老境の域に達しても、「初心忘るべからず」、最初の未熟さを忘れるなと諭したのです。なぜなら、未熟さを覚えていれば、今自分がどれだけ進歩したかを測れるからです。また同時に、未熟さを知り、その未熟さゆえに観客から浴びる嘲笑を含んだ冷たい視線にさらされる体験をとおして、向上心を失わないようにするためです。

イエスが語った言葉に「柔和な人々は、幸いである」(マタイ5・5)というものがあります。「柔和な人」といえば「温かくてやさしい心をもった人」を意味するのですが、実は、聖書のなかで「柔和」という言葉は、もともと、「打ちひしがれて、惨めな状態にされた」「打ち砕かれた」という言葉に関係するものです。

イエスは言います、「疲れた者、重荷を負う者は、だれでもわたしのもとに来なさい。休ませてあげよう。わたしは柔和で謙遜な者だから、わたしの軛を負い、わたしに学びなさい。そうすれば、あなたがたは安らぎを得られる」(同11・28〜29)、これは聖書のなかの「貧しい」という意味にも通じるものです。

おそらく人は、自分の惨めさを知り、自分の弱さを知り、打ち砕かれた思いを抱き、未熟さ

柔和な
人々は
幸いである

を知るがゆえに、やさしさをもつことができ、人に温かく接し、「柔和な心」をもつことができるのだと思います。

世阿弥の言う「初心」と、イエスの語る「柔和な心」を比較したとき、何か通じるものがあるのではないかと感じました。日常生活のなかでも、「柔和な心」をもつことができるように、世阿弥の言う意味での「初心」を忘れないようにしたいと思います。

シモーヌ・ヴェイユ ～ 共感できる人に

第二次世界大戦のさなか、ロンドンのサナトリウムで不思議な死に方をした女性がいます。自ら病床にありながらも、戦禍にある人々のことを思い、絶食して餓死したというのです。彼女の名前をシモーヌ・ヴェイユといいます。

フランス系のユダヤ人で、後に天才数学者として有名になる兄をもち、子どものころから兄に対する劣等感を覚え続けたシモーヌですが、彼女自身、若くして哲学教授資格を獲得するほどの才能のもち主でした。学校の教師となっても、貧困にあえぐ労働者のための運動を先頭に立って行い、スペイン内乱が起こると、隣国の戦争にもかかわらず銃後に甘んずることをいさぎよしとせず、苦しむスペイン民衆のために義勇軍に参加しました。

ナチスのユダヤ人迫害が激しくなると、家族の願いもあって家族とともにアメリカに避難しますが、それをもよしとせず、看護兵としてヨーロッパの戦場のまっただなかに送られるよう連合国軍に要請します。イギリスにまで到達するのですが、病に倒れ、そして絶食して餓死するという壮絶な生き方をした人です。

彼女の生き方と、その生き方をとおして生まれた思想の背景には、人間はどこまで他者の思いを共感できるのか、という問いがあるように思います。悩み、苦しみ、痛み、あるいは喜びや楽しさ、おもしろさをどこまで共有できるのか、という問いです。

人間は他者になることはできないし、他者に代わって、その人の悩みや苦しみを自分のものにすることはできません。ましてや、その苦しみ、悩みからその人を救い出すこともできません。だからこそ、人間にできることは共感することなのです。〝sympathy〟とか〝compassion〟という単語は、どちらも「ともに」という接頭辞(sym、com)がついています。他者の思いをともにするという意味ですが、どこまでできるのか、それは大きな問いです。

シモーヌ・ヴェイユの生き方を見ると、ほとんど本能的に、他者に対して共感する力をもっていたようにも思われるのですが、そうではなく、彼女自身の悩み、苦しみ、痛むという体験と、そこから生まれた祈りが、共感する力を生み出したようにも思われます。

私たちも、共感する思い、共感する力を養っていきましょう。なんとなく生きている人、いろいろ悩んでいる人、苦しみを抱えている人、なんだかよくわからないけど無性に腹の立つことが多かった人、自分の行く末に漠然とした不安をもつ人、さまざまでしょうが、私たちが淡々とこの時代を生き、生活していくなかでも、出会う人々、出遭う事件に対して、共感する力を養うことができればいいなと思います。

どうすれば共感する力を養うことができるのでしょう。

シモーヌ・ヴェイユは、なぜ学ぶのかという問いに対して、「注意力」「注視力」を養うためだと言います。その力を養って、共感する力を培っていくのです。

人に対しても物事に対しても、「注意する」こと、目を注ぐことができれば、共感する力は生まれます。

ペドロ・アルペ神父～nunc dimittis（今こそ主よ、しもべを去らせたまわん）

一九八三年九月、当時のイエズス会総長であったペドロ・アルペ神父がその職を辞することになりました。イエズス会の総長は本来終身制なのですが、アルペ神父は自分の健康状態を理由に、イエズス会の歴史上初めて辞任することになったのです。そのとき、会員に対してとても心温まる、やさしさに満ちたメッセージを語ってくださいました。

アルペ神父が辞任のメッセージを語ったとき、彼はすでに病によって半身不随になっており、言語にも重い障がいが残っていました。そのメッセージの最初の部分で、〝nunc dimittis〟という言葉が出てきます。これはルカ福音書二章の二十九節に出てくる言葉をラテン語で表わしたものです。

長年神殿で奉仕し、「主が遣わすメシアに会うまでは決して死なない、とのお告げを聖霊から受けていた」（ルカ2・26）正しく、信仰に篤いシメオンが幼子イエスを自分の目で見たとき、「主よ、今こそあなたは、お言葉どおり、この僕を安らかに去らせてくださいます。わたしはこの目であなたの救いを見たからです」（同2・29～30）と語ります。

アルペ神父は、シメオンのこの言葉を借りて、イエズス会員としての自分の生涯、とくに総長としての十八年間を振り返りながら、「今はもう去らせてください。私は神の救いのわざをこの目で見ましたから」と語ったのです。

アルペ神父は、広島の長束修練院で修練長をしていたときに原爆に遭いました。イエズス会入会前、医学部の学生であったアルペ神父は、修練院の聖堂を診療所のようにして、被爆した人々の手当てを行っています。

日本管区の管区長を務め、一九六五年にイエズス会総長になりました。ちょうど、カトリック教会が大変革を遂げようとしていた時代で、イエズス会も新しい時代に合わせて、改革していく必要がありました。ある意味で激動の時代といってもよい時期に、総長としてのリーダーシップを発揮し、イエズス会を導いていきました。

また、イエズス会学校の特徴はmen for othersを養成することにあると言ったのは、アルペ神父でした。そんなアルペ神父が、「主よ、今こそあなたは、安らかに去らせてください」と言ったとき、自分の生涯を振り返って、自分の周りで起きたさまざまな出来事をとおして、また、自分自身をとおして、神の力が働いてきたことを確信していたに違いないと思います。

神の力が働いた、神の救いのわざを見たといっても、決していいことばかりがあったわけではありません。イエズス会の改革を認め難いと思った会員はたくさんやめていきました。南アメリカやアフリカでは、社会正義のために働く会員が、政治権力を握る者によって殺されました。イエズス会を改革していこうとする方向性にローマ教皇が否を唱え、教皇との関係がぎくしゃくしたこともありました。それでもアルペ神父は、この目で神の救いを見た、だから今はもう去らせてください、と語ったのでした。

私はアルペ神父のこのメッセージを聞いたときから、〝nunc dimittis〟という言葉が好きになりました。そして、自分はどのようにして、この世から去っていくのか、どんな思いで自分の生涯を終えるだろうかと真剣に考えるようになりました。自分が生きてきた生涯、自分が携わってきた仕事、自分が出会ってきた人々、そして自分が生きた時代というものを振り返ってみたとき、「今はもう去らせてください。この目で神の救いを見たからです」と言えるでしょうか。言えたらいいな、と思っています。

みなさんも、自分自身が死にゆく様を想像してみませんか。そうすると、不思議なことに、生きることの大切が、そして、どのように生きるかが切実な問題であるとわかってきます。生きることに前向きになり、元気が出てくるのです。〝nunc dimittis〟という言葉を味わってみてください。

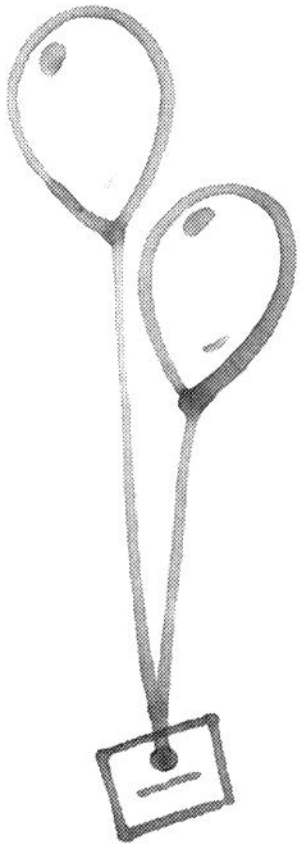

テイヤール・ド・シャルダン～どこに向かって進化するのか

『ケータイを持ったサル「人間らしさ」の崩壊』（中公新書二〇〇三年）という本は、京都大学の霊長類研究所教授、正高信男氏の著書です。正高氏はニホンザルの研究をおもにしてこられた方ですが、現代の若者の生態を眺めながら、「サル化」していると言いました。靴を折って履く、地べたに座り込む、ところかまわずケータイを手にして、大きな声で話したり、メールのやりとりをしたりする等々、こうした生態を不思議に思っていた先生は、ふとニホンザルの生態を思い出して、似ていると直感したそうです。

というのも、ニホンザルはその一生をとおして、決して自分たちの集団から離れることはないそうで、いわば、家族集団という「私的空間」の中だけで生活するというのです。現代の若者が、前述したような行動をとるのは、実は、自分が家の中にいて、自由にくつろいでいて、「私的空間」の中にいる状態を、そのまま外の空間に出ていっても、誰彼はばかることなく続けているのではないかと考えたのです。

この本では、「私的空間」という言葉がキーワードとなって、現代の若者のもう一つの傾向として現れている「引きこもり」という現象についても説明しています。つまり、家庭から外に出ても相変わらず「私的空間」を引きずっているのに対して、「引きこもり」は逆に、「私的空間」を限りなく縮めているということで、家の中だけに、さらには自分の部屋だけに「私的空間」を狭めているのだというのです。ですから、ところかまわずケータイを使う若者も、部屋に引きこもる若者も、「私的空間」という概念から考えれば、同質のものととらえることができるわけです。

若者がサル化しているという指摘をどう受け止めたらよいのでしょうか。人類が進化してきたということを疑う人は、誰もいません。しかし、ニホンザルの研究者は、現代人がサル化しつつあると言います。いったいこの先、人間はどうなるのでしょうか。

一八八一年に生まれ、一九五五年にその生涯を終えたある人物の思想が、私の頭のなかでよみがえっています。その人物とは、古生物学者・地質学者であり、イエズス会の神父だったテイヤール・ド・シャルダンです。

彼は、北京近郊の周口店の北京原人に関する発掘調査に参加し、旧石器時代の石器を鑑定して北京原人がそれらの石器を使用していたと判断し、その後、サハラ砂漠以南の猿人化石の調査にも携わりました。人類の進化の謎を研究したシャルダンは、この考えを積極的に取り入れた新しいキリスト教思想を提唱しました。

しかしその思想は、科学的な考え方と聖書に示された考え方とを明確に区別することをしなかった当時のカトリック教会の指導者から危険とみなされ、シャルダンはフランスのみならずヨーロッパ世界から追放され、アメリカに渡って自分の研究を続けざるを得ませんでした。彼の墓は今でもイエズス会ニューヨーク管区の修練院があった墓地にあり、私はその墓に行ったことがあります。

彼の思想は、ひと言で言えば、人類はどこに向かって進化していくのか、というものです。人類はどのように進化してきたのかだけに目を向けるのではなく、どこへ向かって進化し続けていくのかを見つめた彼は、人間は限りなく「霊化」(spiritualize) していくと考えました。霊的な存在になるということです。霊的な存在といっても、魂だけになる、幽霊のようになるという意味ではありません。むしろ神の愛に秩序づけられると言ってよいと思います。神の愛に秩序づけられるとは、人間が愛、正義、平和、寛容、親切、喜びのうちに満たされて生きるようになるということです。人間はそのような世界の実現に向けて進化していくはずなのです。

今、私たちの世界を振り返ったとき、果たしてどこにそのような進化の跡が見えるでしょうか。日々のニュースを見ていると、言うまでもないことです。若者ばかりがケータイをもったサルと化しているのではありません。世界の現実を見るとき、人類社会そのものが本当に進化

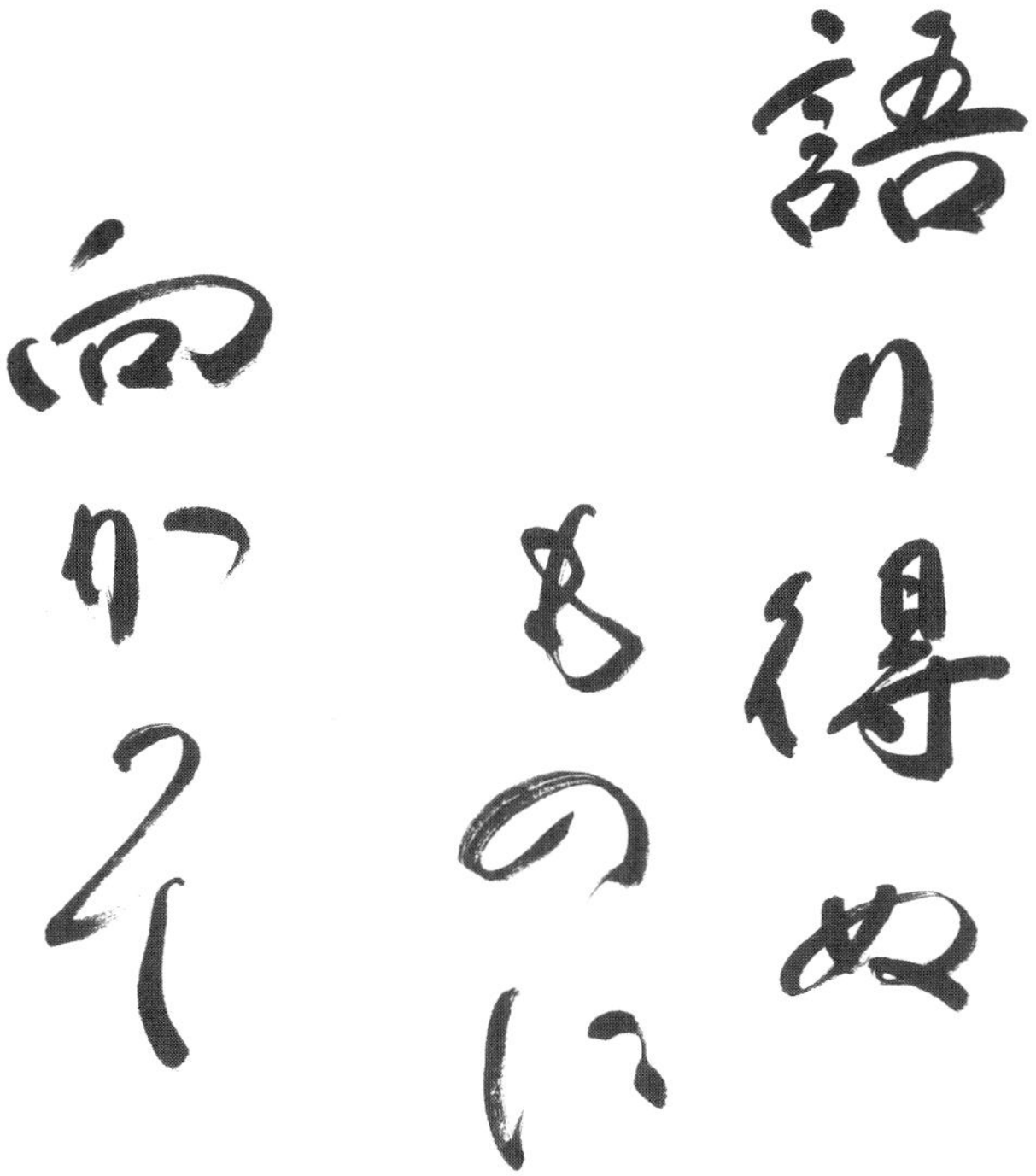
語り得ぬ
ものに
向かって

しなければならない方向に向かっていないということを、認めなければならないと思います。では、私たちはどうすべきなのでしょうか。

ケータイをもったサルと化すことのないように、「私的空間」と「公的空間」を区別し、「公的空間」における自分の立ち居振る舞いに気を配りましょう。家を一歩出れば、そこは「公的空間」であり、そこでは一人の人間として人間らしく振る舞わなければなりません。バスや電車の中で、あるいは公道で、傍若無人の振る舞いをしてはいけません。ところかまわず「私的空間」をもち込んではいけないのです。

そして、私たちは自分自身とこの人類世界がどこに向かって進むべきかをじっくり考え、見定めなくてはなりません。確かな方向性をもって、一日一日を生きていくのです。たとえば大学受験でも、いちばん大切なことは合否ではありません。自分が向かう方向を見定めて、受験を通過していくという意識がなければ、大学で学ぶ意味がないのです。

一日一日の積み重ねによって自分たちの向かっていく方向が定まってくることを意識して毎日を過ごしましょう。それは、すべての日々に意味をもたせなければならないということとは違います。

今日という日は、自分の人生を振り返ったとき、記憶の片隅にもとどまることのないなんでもない一日かもしれません。人生にとってさしたる意味をもたない一日かもしれません。それでも、その日その日を積み重ねていくことによってしか、私たちの人生はつくられていきません。その積み重ねによって、私たちの進化していくべき方向性はつくられていくのです。このことを心に刻んで、毎日を過ごすことができるように、頑張りましょう。

桜井哲夫 ~天の職を生きた詩人

かつて日本で、「冬のソナタ」という韓国ドラマが流行したことがあります。なぜ、その主人公を演じたペ・ヨンジュンが日本女性の心をつかんだのか、こんな評論を読んだことがありました。彼の人気の秘密は二つある。一つは数学ができること、もう一つはピアノが弾けることなのだ、と。それを読んで私は考えました。数学ができてピアノが弾ける男子生徒はたくさんいる。それに加えて掃除も料理もできる。これなら完璧だ。

数学もできずピアノも弾けない私は神父になりました。もし数学ができていたらまったく違う世界に生きていたかもしれません。

ところで、桜井哲夫さんという詩人がいました。若くしてハンセン病を患い、家族を失い、視力を失い、自分の身体さえ自由に動かすことができず、六十年にわたって療養生活をされた方です。

二〇〇四年、当時私が勤めていた学校で桜井さんの講演会を行いました。その生き方のすさまじさを直接目にし、その声を聞きました。多くの生徒が感動し、そして、その姿にありがたさすら感じたと思います。その桜井さんの詩に「天の職」というのがあります。

お握りとのし烏賊と林檎を包んだ唐草模様の紺風呂敷を
しっかりと首に結んでくれた
親父は拳で涙を拭い低い声で話してくれた
らいは親が望んだ病でもなく
お前が頼んだ病気でもない
らいは天が与えたお前の職だ
長い長い天の職を俺は素直に務めてきた
呪いながら厭いながらの長い職
今朝も雪の坂道を務めのために登りつづける
終わりの日の喜びのために

「らいは天が与えたお前の職だ」というこの言葉を胸に、桜井さんは毎日毎日生きてこられたのでしょう。この詩を読んで、私は、私の天職はなんだろうかと、考えずにはいられませんでした。そして、同時に、生徒一人ひとりが自分に与えられた天職を見いだすことができるために、教師としてどんな手助けができるだろうかと考えさせられました。

桜井さんの「拭く」という詩に、こんな一節があります。

一九四一年　昭和十六年十月六日
旅立ちの朝
住み慣れた曲り屋の門口まで送りに出た父が突然
「利造、勘弁してくれ。家のために辛抱してけろ」
と言って固く俺の手を握った
見上げた父の顔にひとすじふたすじ涙が走った
後ろを振り向くと　おふくろはうつむいて
涙で曇ったのか　しきりと眼鏡を拭いていた

桜井さんと個人的に話をする機会があったとき、この旅立ちの朝の様子について触れ、「家のために辛抱してくれ」とお父さんはおっしゃったのですねと聞くと、「いや本当は違うんだ、家のために死んでくれ、と言われたんですよ。でも詩をつくるにあたって、死んでくれではちょっとまずいよね」と笑っておられました。
そんなふうに自分の過去を笑って受け入れることができる人はすごいなあと、私は思いました。桜井さんにとって、ハンセン病を患いながらも、詩作をすることが天の職なのだと、改めて思いました。

今、若者に言いたい。進路を考えなければならないときに、自分の天職とするものは何か、この問いを見失わないように、と。

ヨハネ・パウロ二世～恐れることはない

「恐れることはない」という言葉を聞くと、二〇〇五年四月二日に帰天された第二四六代ローマ教皇で、二〇一四年四月にカトリック教会の聖人として列聖されたヨハネ・パウロ二世を思い出します。二十六年にわたる在位期間中に百カ国以上の国を訪問し、「空飛ぶ教皇」とも言われたヨハネ・パウロ二世は一九八一年には日本を訪問し、広島平和公園を訪れ、平和のメッセージを残されました。

ヨハネ・パウロ二世の業績としては、東西冷戦構造に終止符を打ち、共産主義国家が次々と崩壊していくことにきわめて大きな影響力を及ぼしたことが挙げられています。他宗教との対話にも力を入れ、葬儀には、ユダヤ教やイスラム教の指導者の姿もありました。

貧しい国々を訪れ、貧困にあえぐ民衆を慰め、それればかりか、貧困と不平を生む社会構造をただすよう、強く主張し、キリスト教の宣教使命がまさにその点にあることを強調しました。第三の千年紀を迎えるにあたっては、それまでの二千年に及ぶカトリック教会の歴史において、教会が犯した過ちを率直に認めました。そのようにして、新たな時代を生きるカトリック教会を刷新する努力を続けられました。

希望の扉

ヨハネ・パウロ二世が、公式の書簡や発言とは別に、個人的な考えをまとめた本があります。『希望の扉を開く』というタイトルで邦訳本も出ていますが、この本のなかでも、何度も「恐れることはない」という言葉が出てきます。また、ヨハネ・パウロ二世が教皇に選ばれた直後、バチカンのサン・ピエトロ広場に集まった人々に贈った最初のメッセージが「恐れることはない」でした。

十一億を越えるカトリック信者の最高指導者となった自分自身を勇気づける意味もあったでしょうし、これからの先行き不透明な時代を生きていかなければならない人々に対しても、恐れることなく生きていこうという思いが込められていたのかもしれません。

しかし、この「恐れることはない」という言葉は、聖書のなかでは特別な意味をもっています。神ご自身が、あるいは、神のメッセージを携えた天使が人間に現れるとき、必ず最初に「恐れることはない」という言葉をかけるのです。

聖母マリアに救い主を産むことになると大天使ガブリエルが伝えたときがそうでした。イエスがベツレヘムで誕生し、その知らせが羊飼いたちに伝えられたときもそうでした。イエスが湖の上を歩いて弟子たちに現れ、弟子たちが「幽霊だ」と恐れたときも、イエスが言ったのは「恐れることはない」でした。

旧約聖書においても、預言者に使命を与えるとき、神は「恐れることはない」と言って、彼らに語りかけられました。聖書の世界においては、神的なものが立ち現れるときに、「恐れることはない」という言葉が使われます。

逆に言えば、「恐れることはない」という言葉が伝えられたときには、そこに神が現れるということを示すのです。

「恐れることはない」という言葉は、宗教学的にみても興味深いものがあります。ある有名な宗教学者が宗教体験を、「恐るべきもの、そして魅了されるべきもの」と定義したことがあります。これは確かにそうで、私たちも、神的なもの、神々しいものに出会ったときには、「恐れ多くも畏《かしこ》くも」という表現を使うのです。私は一度だけ、ヨハネ・パウロ二世を遠くから見たことがありますが、日本武道館のステージに教皇が登場したとき、なぜか鳥肌が立ち、目が潤んだことを覚えています。

私がまだ校長職にあったとき、中学一年生の生徒と廊下でばったり出くわしたことがありました。

その生徒は「校長先生じゃ、あっ、恐わっ」と言ったのですが、彼にとって、私が何か神秘的で神々しいと感じられたのでしょうか。

しかし、残念ながら私はそのとき「何を言ってるんだ」と言ってしまいました。もし私がそこで「恐れることはない」と言っていれば、それは彼にとって大きな宗教体験になったかもしれません。

さて、何事にも恐れることなく、さまざまなことにチャレンジしていくことができるよう、頑張りましょう。

ルイ・ルラーブ神父～私は墓の中から働く

京都の宮津にあるカトリック学校の話をしたいと思います。みなさんは、宮津がどこにあるかわかりますか。天橋立のあるところと言えばわかるでしょうか。そこに、一九〇七年（明治四十年）に創立されたカトリックの学校があります。

宮津は、由緒ある歴史の深い町です。神社やお寺も多く、近くには大江山があります。大江山といえば鬼退治で有名なところですから、平安時代から丹後地方では大事な場所だったと思われます。そんな町で、フランス生まれの一人の神父さんが宣教活動を始めました。ルイ・ルラーブという神父さんです。一八五七年フランスのリヨンに近い小さな村で生まれ、パリ外国宣教会に入り、司祭叙階後、二十八歳で日本に派遣されました。この神父さんが学校の創立者なのですが、彼の伝記を読んで、印象に残ることが二つあったので、それを紹介します。

神父さんは、苦労して、まず一八九六年にカトリック宮津教会を建てました。この教会は今でも残っていて、観光の目玉になっています。小さな教会ですが、とっても落ち着いた雰囲気を与えてくれます。その教会ができたとき、地元の人が見学にやってきて、「神父さん、こんな教会を建てて、いったいいつ、人で一杯になるのですか。宮津は由緒ある神社やお寺がたくさんあります。そんな町にヨーロッパの宗教の教会を建てたって、誰が来るんでしょうかね」と意地悪な質問をしたのでした。

するとして、神父さんは即座に、「三百年、待ちなされ」と言ったそうです。すごいですね。三百年ですよ。宮津教会は建堂されて百二十年を超えました。あと百八十年したら、人で一杯になる。キリスト教が根づくのに、それだけの年月がかかることを覚悟しているのがすごいんです。

もう一つは、神父さんが亡くなるときのエピソードです。亡くなる何年か前に、丹後地方には大きな地震があり、神父さん自身も被災しながら、今でいうボランティア活動を一生懸命したそうです。そのときの無理がたたって病気になり、大阪の病院で治療を受けました。それでも回復に向かわず、死期の近づいたことを悟った神父さんは、どうしても宮津に葬ってほしいと望みました。その許可がようやくおりて、神父さんは安心し、亡くなる前に言った言葉が、「私は墓の中から働く」でした。これもすごい言葉です。

墓の中からどうやって働くのでしょう。私は、この学校の創立記念日の講演を頼まれて訪れた際、ルラーブ神父さんは確かに墓の中から働いていると実感しました。なぜなら、神父さんが創立した学校が百年以上続いているからです。

この学校は最初、裁縫学校から始まりました。宮津あたりは丹後ちりめんで有名なところですから、それを知った神父さんは、若い女性たちに裁縫を教える学校を思いついたのでした。

それから長い間、女子校として続いてきました。しかし、京都では過疎地となりつつある地方で、生徒の募集は大変でした。ついに学校全体を移転し、それを機に男女共学の学校にしました。移転地を見つけたのも偶然だったと聞いています。新しい校舎は平屋の一階建てで、建物が丸くつながっていて、なんだかヨーロッパの修道院の回廊を思わせる構造になっています。

さらに感心したことは、創立記念日には、在校生の有志がルラーブ神父さんのお墓参りをするということで、私も一緒にお参りさせていただきました。そして思ったのです。私が死んで何十年かたって、そのときの在校生が私の墓参りをするだろうかと。

私のいた学校でも、その先生に習った一期生たちが毎年お盆の時期に集まって初代校長のお墓参りをするということはありますが、在校生はしません。ルラーブ神父さんは一九四一年に亡くなっています。私が招かれてその学校の創立記念日の講演をしたのは二〇〇五年のことでしたから、すでに六十四年たっていました。六十年後の在校生が創立者のお墓参りをする。いいなぁ。

学校が続くかどうかは生徒にかかっています。先生も、生徒も、学校に誇りをもち、新しい時代のために力を尽くしていかなければならないと思います。ちなみに、私の墓参りをしてくれとは言いません。

尹東柱～志半ばで生涯を終えなければならないとき

「なぜわたしをお見捨てになったのですか」（マルコ15・34）は、イエス・キリストが十字架上で息を引き取るときに叫んだ最後の言葉として、福音書に記されています。聖書研究においては、この言葉をめぐってさまざまな意見、解釈がありますが、私は、その言葉どおり、見捨てられたという思いのなかで、イエスはその生涯を終えたのだろうと思います。なぜなら、志半ばで、その生涯が中断されなければならないときには、誰でもそう思うだろうからです。そして、実際、歴史上には、そのような人物はたくさんいます。

一九四五年に、一人の韓国人が福岡の刑務所で獄死しました。尹東柱《ユン・ドンジュ》という、韓国ではどんな世代の人でも知っているクリスチャンの詩人です。二〇一七年に生誕百年を迎えた尹東柱は日本の統治時代に日本に留学し、立教大学、同志社大学で学びます。

在学中に抗日独立運動を企てたとして逮捕され、福岡刑務所に送られ、その二年後、獄中でわけのわからない言葉を叫び、二十七歳の若さで亡くなりました。死因は不明とされています。彼の遺した詩は韓国のみならず日本でも多くの人に読まれ、二〇〇八年には彼が学んだ大学で「詩人尹東柱を記念する立教の会」が設立されています。

私は彼の詩を読むたびに、その生涯の悲惨さをも思い返します。人は必ずしも天寿をまっとうするわけではありません。志半ばでその生涯を終えることもあります。また、若くして、子どもを残して、その生涯を終えなければならない人もいるかもしれません。残された家族にとっても、「なぜ?」という思いはつきまといます。私たちは、そんな現実を受け入れなければならないこともあるでしょう。

「なぜわたしをお見捨てになったのですか」、イエスは、どのような思いでこの言葉を口にしたのでしょう。みなさんも自分が志半ばでその生涯を終えるとしたらどんな思いを抱くのか、それを想像してみることは大切なことかもしれません。それは自分自身の生き方を考える機会にもなるはずです。そのようなことを意識して、毎日を大切に生きていってほしいと思います。

内村鑑三～二つのJ

親が子を、子が親を死に至らしめる事件が後を絶ちません。いったい日本の教育はどうなってしまったのか、子どもの教育の根本をなすはずの家庭はどうなってしまったのか、そんな声も聞かれます。

その教育をめぐって、今、日本は大きく揺れ動いています。二〇〇六年には「愛国心」や「公共の精神」という規範意識を盛り込んだ改正教育基本法が成立しました。二十一世紀のグローバルな社会に対応する教育の再生を目指すというのが名目です。しかし、本当にそうなのでしょうか。

ゆとり教育ということが一時期唱えられ、一九八〇年から二〇一〇年代初期まで実施されました。週休二日制を導入し、生きる力を育むために総合学習を取り入れたのですが、学力の低下を招いたがために、現在は、学習量の増加、学力の向上を目指す脱ゆとり教育にシフトされつつあります。そのために授業時数を確保しなければならないとして、土曜補習や夏休みの短縮が、多くの学校で実施されています。

ゆとりという言葉はどこかに忘れ去られ、週休二日だけは残り、学力向上を目指すがゆえに、学校教育がいびつになっている状況を感じています。

同時に、最近の若者の公共の場での態度には目に余るものがあるのも確かです。学校の生徒指導部に寄せられる苦情電話のほとんどは、公共交通機関や公共の場でのマナーの問題だということも事実です。個を尊重しようとしたこれまでの教育の結果、公共心の欠如を生みました。だから、もっと公の心を育てなければならない、そして愛国心を育てることが大事なのだという主張も耳にするようになりました。確かにそういう一面はあります。

しかし、だからと言って、教育基本法で公共心や愛国心を謳うことで、そのような問題が解決するでしょうか。こんなことは子どものけんかのようで言いたくはないのですが、大人のマナーも決してほめられたものではありません。スマートフォンのマナーひとつとっても、大人にも相当ひどいものがあります。

そんなふうに、あれやこれや考えていると、ある人物の名前が頭に浮かびました。内村鑑三という人です。

教科書的に紹介すれば、〝boys' be ambitious〟で有名なクラーク博士の札幌農学校の二期生で、卒業後アメリカに渡り、マサチューセッツ州のアマスト大学で学んで帰国後、第一高等学校の教師になります。

ところが、教育勅語に対する不敬事件を起こして辞職し、その後は文筆家となり、『余は如何にして基督信徒となりし乎』を著《あらわ》し、キリスト教徒の立場から日本の世相を批評していきました。

どこの教会にも属さず、日本独特の「無教会主義」を貫きますが、彼の聖書研究や社会批評は当時の日本に大きな影響を与えたと言われています。何よりも、日露戦争に際しては、徹底した非戦論を展開し、多くの日本人から非難を浴びました。

そんな内村鑑三の心の思いを表す象徴的な言葉が、「二つのJ」です。一つは「イエス」(JESUS)の「J」、もう一つは「日本」(JAPAN)の「J」です。イエスを信じて生きることと、日本を愛して生きることとは矛盾するものではない。イエスを信じてキリスト教徒になることは、決して西洋かぶれでも、日本の歴史や文化を否定することでもない。同時に、日本に対する愛国心をもつことは、決して日本の富国強兵とそれにともなう対外戦争を肯定することでもない。キリスト教信徒として、そして日本人として、彼は、「二つのJ」のために生きるということを、生涯の使命としました。日本という国の本来の姿を実現するためには、イエスに対する信仰なしに成しえないことを主張した人でした。

内村鑑三が、教育勅語に対する不敬事件を起こし、非戦論を展開し、キリスト者として愛国心を訴え続けたのは、今から百年前のことです。内村鑑三を取り巻いていた問題状況が、百年後の私たちにも同じようにある、少なくとも私自身にはある、そんな気がしています。自分自身への宿題として、内村鑑三を学び直し、岐路に立つ日本の教育のあり様を私なりに考えてみたいと思っています。

霜山徳爾～踏みにじって、越えて行く

教職免許を取るために教育心理学という授業を聴講していた、私が大学生のときのことです。その授業は霜山徳爾《しもやまとくじ》という、ヴィクトール・フランクルの『夜と霧』の訳者としても著名な臨床心理学者の教授の講義で、教室はいつも学生で一杯でした。ある日、霜山教授が突然、こう言ったのです。

「生徒というものは、教師の思いを踏みにじり、裏切って成長していくのです。教師はこんなことしてみよう、あんなことしてみよう、だからこういう話をしてみようと、一生懸命授業の準備をし、教室に向かうのですが、生徒のほうは知らんぷりを決め込み、教師の努力を無にしてしまおうとする。でもそうやって生徒は成長していくし、教師も育てられます。生徒に踏みにじられる、それでも教師をやるという覚悟のない者は教師になってはいけません」

ちょうどその日、私は教室の後方で授業を聴いていました。私の後ろの席の女子学生たちが私語を交わしてうるさかったので、振り向いてにらみつけ、静かにしろと注意した矢先に、霜山先生がそのようなことを述べられたのです。先生ご自身、若者相手に一生懸命授業をしても、学生たちのおしゃべりで気分を害することもあったのかもしれません。自らを奮い立たせるよ

うにして、そのような話をなさっているのかもしれないと思いました。

その後、私も教師になりました。いつもよい授業ができるわけでもなく、ときに自分でも今日は失敗したと思うこともありました。それでもあるとき、教室に入って、さて今日の授業はと言う前に、四十九名いる生徒のなかで頭を上げて授業を聴こうとする者が一名しかいなかったときは、さすがに愕然としました。最初から誰も聴こうとしない授業をなぜ自分はしなければならないのか、腹立ちとともにむなしさを感じたことが、何度かあります。そのたびに私は、「生徒は教師の思いを踏みにじって成長していく」という霜山先生の言葉を思い出したものです。

あなたは、この言葉をどう感じるでしょう。私は確かにそうかもしれないと思いながらも、教師の思いを踏みにじって生徒はどのように成長していくのだろうと、疑問に思うことがあります。素直に何でも聞き従う生徒が、必ずしもいいとは思いません。また、反発する生徒がすべて悪いとも思いません。ただ、どのような踏みにじり方をするかは大事だと思うのです。

どんな教師であろうが、どんな授業であろうが、根拠のない思い込みに乗じて無視し、教師を小ばかにしたり、騒ぎ立てたりするのは、言葉本来の意味で踏みにじることです。そのような踏みにじり方をする生徒が、本当に成長するとは、とうてい、思えません。それではただ主体性のない、烏合の衆になりさがっているだけです。生徒も教師も成長する意味での踏みにじるとは、その教師に対して、その努力に対して、ちゃんと直面し、疑問点や気にいらないことがあればきちんと対話し、批判することもできる、教師もまたそれを受けて、生徒にちゃんと顔を向けて対話することができなければなりません。

霜山先生は、「生徒は教師の思いを踏みにじって、成長する」と言った後、「しかし最近の学生たちを見ていると、踏みにじってでも成長し、教師を越えていく者がいない」と言いました。自分を越えていき、それ以上の者がでてこないという、教師として、先達としての嘆きのように聞こえました。

教師は生徒に対して、さまざまな苦労をして、努力をして、教師として成長するものです。生徒たちは、教師とその授業にきちんと向き合って、自分自身も成長していくはずなのです。そのことをとおして、教師であれ生徒であれ、人対人の本当のかかわりが生まれます。それを忘れないでほしいと思います。

第四章

み言葉、ときどき寄り道

明日のことまで
思い悩むな

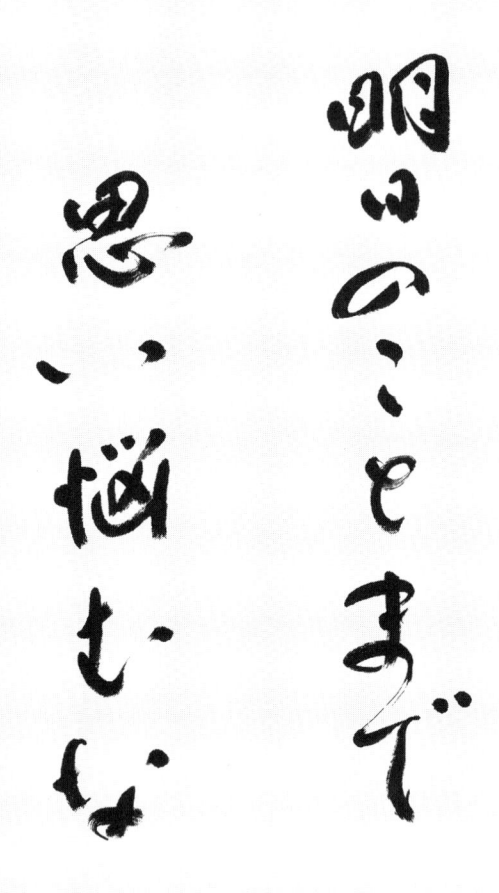

美しい生き方

二〇〇三年の夏休み、栄光学園の軟式野球部が全国大会に初出場しました。私も兵庫県明石市のグラウンドまで行って応援したのですが、実はそのときの栄光学園のエースが身体に障がいをもっていたのです。左手の指は二本しかなく、左足も甲の先がありません。先天的なものでした。この年、甲子園に出場した今治西高校の選手に、事故で片方の足の膝から半分を切断した義足の選手がいました。身体に障がいを負いながらも、頑張っている選手がいるということで、この二人は、その夏、ずいぶん話題になりました。

栄光学園の試合は鹿児島実業が相手で、結果だけみると延長十四回の末、三対二で逆転サヨナラ負けを喫してしまいました。延長十四回の表に、なんとか一点をもぎとって、二対一とした栄光学園は、その裏の相手の攻撃をしのげば勝利のはずでした。ツーアウトまでいき、ランナー一塁、二塁。最後のバッターになるかもしれない打者に対してフォアボールを与えて満塁。まだ大丈夫、次のバッターこそ最後に、と祈る思いで見ていました。その打者に対して、ツー・ワンとなったとき、今度こそ大丈夫と思いました。ところがねばられて、ツー・スリーになってしまいました。あと一球だ、たとえフォアボールでもまだ同点じゃないかと、私は自分自身の心に言い聞かせながら、固唾《かたず》を飲んで次の一球を待ちました。

あと一球とピッチャーの投げたボールを、バッターは打ちました。打球は三塁線ぎりぎりのところを転がっていきました。一瞬ファールかと思ったのですが、審判のコールがありません。三塁手はボールを取り、ホームベースに間に合わないと思ったのでしょう、ならばセカンドランナーが三塁に来る前にベースタッチをしようとしましたが、これも間に合わない。最後に一塁めがけて投げたのですが、ワンバウンド送球。彼としては、確実にファーストでアウトにするために、ていねいにワンバウンドで投げたのですが、そのボールをファーストが自分のグラブに収めきれず、後方にそらしてしまい、その間にセカンドランナーもホームを陥れ、あっという間に逆転されてしまいました。

勝利した鹿児島実業の選手も、負けた栄光学園の選手も、泣いていました。それほどに見ごたえのある試合でした。私も湧き上がる涙をこらえ、残念だったなぁという思いを心の底に押し込め、両校の健闘に心から拍手して、球場を後にしました。

試合後、栄光学園のエースは、自分の障がいのことがずいぶん話題にされたけれども、この障がいは自分にとって普通のことなので、あまり話題にしてほしくない、と言いました。実際、数多くの取材の目が彼の普段の調子を少し乱したのかもしれません。フォアボールを十七個も与えてしまったし、得意のカーブもほとんど決まりませんでした。それでも最少失点に押さえることができたのは、バックの守りの堅さでした。守備のねばりと言ってもいいと思います。「ぼくはいつも他の選手に助けられてきたのだから」と言って、悪送球したサードの選手をかばうのも印象的でした。

今治西の三塁手も、「ぼくにとって、片足半分がなくて義足をつけていることは、視力の悪い人がメガネをかけているのと、同じようなことなのです」と言っていました。

彼らのこうした発言から、いろいろと学ぶことがありました。社会的に見て、あるいは世間的に見てマイナスの要素を背負って生きなければならないとしても、それを受け入れ、前向きに生きる人にとっては、必ずしもマイナスではないのです。むしろマイナスと思われることを自分のなかで普通のこととして、そして自分らしさの一つとしてとらえることができるとしたら、そのような生き方は美しい、と思います。

みなさんのなかにも、自分自身を眺めて、あるいは他人と比較して、自分にはあれがない、これがない、と嘆いている人がいるかもしれません。あるいは逆に、自分にはあれもあるし、これもあると、誇らしく思う人もいるかもしれません。しかし、自分にあるかないかということよりも、今ある現実の自分自身を、自分らしさとして受け入れ、喜び、感謝しているほうが大切だと私は思います。

さまざまなものに、仲間と一緒に取り組みながら、自分自身を喜ぶことができ、自分自身であることを感謝することができるような、そんな人間になってほしいと願っています。

「知る」祈り

ある集いのなかで、何人かの先生と祈りとはなんだろうかと、話したことを思い出します。ある先生は、「念ず」という言葉から、「耐える」ことと「祈る」ことのつながりを話しました。ある先生は、何かを求めることが祈りなのだろうかと疑問を呈しながら、祈りについてもっと知りたいと話されました。そこで私も、祈りとは何かについて考えてみました。

まず、人間が日常生活のなかで、どのように祈っているかを思い起こしてみましょう。誰でもする祈りは、「～してください」という祈りです。こうしてください、ああしてください、こうなりますように、ああなりますように、という祈りで、これはお寺でも神社でもします。みなさんもそのように祈ったことがあるはずです。イエスも「求めなさい。そうすれば、与えられる。探しなさい。そうすれば、見つかる。門をたたきなさい。そうすれば、開かれる」（マタイ7・7）と言っています。

次によくする祈りは「嘆きの祈り」です。なぜ自分は不幸なのか、どうして思いどおりにならないのか、どうして自分の願いをかなえてくれないのか、と嘆くのです。神さまにぶつぶつつぶやくことがありますが、これも立派な祈りです。

感謝したり賛美したりする祈りもあります。食べ物に感謝する、今日一日の無事を感謝する、すばらしい自然や出来事に出会ったときに、それを讃えることもあります。これも祈りです。こうした祈りはごく普通にすることです。誰でもそのように祈ったことはあるはずです。

もう一つ、とっても大事な祈りがあります。それは「知る」という祈りです。自分は何者なのだろうかと、自分を知る祈りがあります。この友人は何に苦しんでいるのだろうかと、友を知ろうとすることも祈りです。なぜなら友の苦しみを知り、理解し、いくらかでも分かち合うことができればと願うようになるからです。

日本や世界の各地で起こる事件を知ろうとすることも祈りです。事柄の悲惨さを知ることによって、どうすればいいのだろうか、自分に何ができるだろうかと考えることができるからです。

そして、神を知る祈りがあります。神の思いを知る、神が私に何を望んでおられるかを知ろうとする祈りによって、私が存在する意味を見いだすことができるからです。ヨハネ福音書のなかで、イエスはこう言います。「永遠の命とは、唯一のまことの神であられるあなたと、あなたのお遣わしになったイエス・キリストを知ることです」(ヨハネ17・3)

現実の世界に置かれた人間が、この世に生きる現実として、味わわねばならないさまざまなことをとおして、最後に願うのが永遠のいのちです。その永遠のいのちとは神とイエス・キリストを知ることなのです。

聖書のなかで、「知る」という言葉には特別な意味があります。知ろうとする対象と限りなく一つになることを意味しています。男の女のセクシュアルな結びつきを「知る」と表現するのはその代表的な例です。神を知る、イエス・キリストを知るとは、神に、イエス・キリストに結びつけられて一つになることなのです。

祈りにはいろいろな種類があります。いろいろな方法があります。みなさんも「祈る」ことを知ってほしいと願っています。

わたしの羊はわたしの声を聞き分ける

昔から人間は、真理というものを「見る」ことによって把握しようとしました。古代ギリシアの自然哲学は「観察」をじっくり行って、それが何かを知ろうとしました。「見る」ことによって、物事の本質を探ろうとする姿勢は、西洋文化にあっては主流となり、近代科学においても、より大いなる世界、逆にまた、より小さな世界の秘密に迫っていくようになります。

望遠鏡を発明して、より大いなる（マクロの）世界がどこまで続くのか探求し、顕微鏡を発明して、より小さな（ミクロの）世界をどこまでも細かく探求してきたのです。そのようにして科学は発達し、今日の社会をつくりあげていると言ってもいいでしょう。そして、私たちにも、真理とは「見る」ものであり、「見ることができなければ、それは真理ではない」と考える傾向があります。ところが、人間にはもう一つ、真理の捉え方があります。それは、「聞く」真理です。

みなさんは「親の言うことは聞きなさい」とか「先生の言うことには耳を傾けよ」と言われたことがあると思います。そしてあなたたち自身も、「私の意見も聞いてください」と、叫びたいような思いをもったこともあるでしょう。真理を聞いて把握するということも、見て把握するのと同じくらい大切なことだと思うのですが、現代社会では、聞く真理のほうはないがしろにされているような気がします。

「わたしの羊はわたしの声を聞き分ける」（ヨハネ10・27）というのは、イエスが羊飼いであり、イエスに従う者はイエスの声を聞き分け、絶対にほかの羊飼いのほうについていくことはない、ということを言っています。

羊という動物は、目がたいそう悪くて、そのために自分の羊飼いを見分けることができない、という話を聞いたことがあります。だからこそ、聞き分けるという能力は抜群で、自分の羊飼いの声は決して間違えない、ほかの羊飼いの声にはついていかない性質があるのだそうです。

みなさんも毎日、さまざまな人の話を聞く機会があるはずです。話を聞く、そしてそこから何が大事なことなのかを把握する。聞いて真理を把握するという姿勢をもっともっと大切にしてもらいたいと思います。

数学のトラウマ？

ある年の一学期を終え、夏休みに入るにあたっての話をいろいろと準備していた終業式の日の明け方、とんでもない夢を見たことがありました。

その夢の話を理解してもらうためには、まず、私の高校時代のことから話を始めなければなりません。高校時代、私は、野球と宿題しかしない生徒でした。数学と理科は全然できなかったので、大学は私立文系と早くから決めて、英語と国語と世界史にしぼって、受験勉強をしていました。数学に関しては、高校で何を勉強したか、まったく記憶にないほどです。そんなわけか、ときどき同じような夢を見ていたのですが、それは、何かの理由で調査書が必要になって、学校へ取りに行くところから始まります。その道々、「自分の数学の成績はあるんだろうか」と不安になり、「数学の成績はどこにいった、どこにいった？」と焦りまくって、目が覚めるのです。

ところが、その終業式の日の明け方に見た夢は違いました。教室には数人の生徒とともに私がいます。数学のテストが返ってきました。なんと私は、数学で百点を取ってしまい、答案を見ながら、驚いて「数学で百点取った。なんでや？」と友達に話しているのです。

すると、そこへ高校時代のK先生が現れ、私の答案を見て「これはすごい！」と言います。「ええ?!　K先生もびっくりしているなんて……。どうして百点なんか取れたんだ。なんで、なんで」と慌てふためきながら、目が覚めたのでした。

夢から醒めて考えました。私のなかには、数学がわからない、理解できない、勉強しなかったということが、トラウマとしてずっと残っていたのです。この夢を見たのは、私が五十歳になる年でした。高校を卒業して三十年以上もたったというのに、数学のトラウマは夢にまで出てきたのです。

そのとき百点を取ったから、もう数学のトラウマから解放されたと考えていいのか、あるいは、数学のトラウマはもっと深くなったと言うべきか……。いずれにせよ、高校時代にどう勉強したか、あるいはしなかったかということが、人の心には長く、深く刻まれるということでしょう。

やるべきことは、やるべきときに、きちんとしておくことは大切です。学ぶときには学ぶ、これを怠ると私のように夢に出てきて、何年たっても、悩むことになります。

舌は、疲れを知らない悪で、死をもたらす毒に満ちています

二〇〇四年、小学校六年生の女の子が同級生を殺してしまった事件が佐世保で起こりました。何たる悲劇か、と私は思いました。このことについて何かを言う気さえ失せてしまいました。被害者もそうですが、加害者の側の立場に立っても、つらい思いが察せられる事件だからです。さらに、学校という場で起こった事件であるならば、学校で働く人々にとっても、身につまされる事件だからです。

なぜこんな事件が起こったのか、その原因を探ることは大事なことでしょう。しかし、どんなに原因を探ったところで、被害者と加害者の心の奥底にあったものに触れることはできないかもしれません。私が関心をもったのは、WEBサイト上に悪口を書き込まれたことが殺意を抱かせる原因になったということです。これを聞いて、私は、さもありなんと思いました。

みなさんのほうが私より知っていると思いますが、なんでも自由に書き込むことのできるサイトがあります。あることないこと、誹謗中傷、平気で人を傷つけるような言葉を使い、しかも匿名で、ちょっとでもそのサイトを覗いてみると、吐き気をもよおすような言葉・文字が飛び交っています。「お前、あほか」とか「お前、死ね」とか、そんな文字を見れば誰もいい気

舌は疲れを知
らない悪死を
もたらす毒

はしないでしょう。面と向かって言われて腹の立つような言葉は、文字にして、しかもインターネットのサイトに書き込まれれば、怒りは何倍にも増幅されて、人の心を逆上させてしまう効果があります。現代社会に潜む悪魔とさえ、私は思っています。

そんなことをして何が楽しいのか、私にはまったく理解できません。いつから人間は他人を誹謗中傷して楽しむことができるようになったのでしょうか。口は災いのもと、と昔からよく言われていました。誰でも、自分の口から出た言葉が人を傷つけてしまったという経験をします。何気ないひと言で深く傷つく経験もします。そんなことを繰り返しながら、言っていいことと悪いことを覚えていくのです。

「舌は、疲れを知らない悪で、死をもたらす毒に満ちています」（ヤコブ3・8）という言葉が聖書のなかにあります。言葉は本来、自分の思いを相手に伝えるために生まれたものです。しかし、その思いのなかには、よいものも悪いものもありました。そして、ときに相手に死をもたらすほどの悪の力を秘めたものとしても使うことができます。ゆえに、舌をコントロールすることの大切さを昔の人々は強調したのでした。

ここで、韓国のことわざを紹介したいと思います。「コウン　マル　カヤ　コウン　マル　オンダ」、やさしい言葉をかければ、やさしい言葉が返ってくるという意味です。相手に辛辣な言葉を投げつければ、辛辣な言葉が返ってきて、人間関係は悪くなってしまいます。しかし、やさしい言葉をかければ、どんなに腹が立っていてもそれ以上の言葉を投げ返すことは難しくなります。叱り飛ばす言葉も、本当に叱らなければならないときに、全身全霊を込めて叱るのです。そのとき、相手はその思いを察します。

言葉のやりとり、言葉によるコミュニケーション能力、言葉の背後にある相手の思いを汲み取る能力、そうしたものが最近低下してきたのかもしれません。それがとんでもない悲劇を生んでしまったのであれば、私たちは、もう一度、言葉の力を再確認し、本来のコミュニケーションの仕方を学ばなければなりません。

日々の生活のなかで、自分がどんな言葉を使っているか、少し振り返ってみてはどうでしょう。

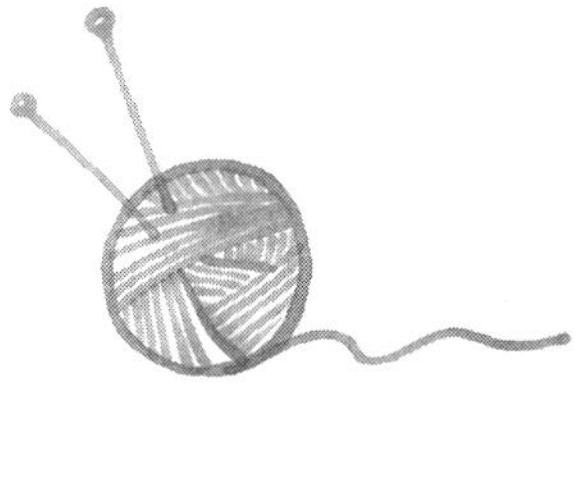

甘酸辛苦

「甘酸辛苦」、これは聖書とはまったく関係がありません。新幹線の指定席に、たまたま私の前に乗車した客が残していったと思われる一冊の漫画本が置いてありました。手にとって読んでみると、実に勉強になる話が載っていたのです。

偏食児童を扱った物語で、小さいころから甘いものしか口にせず、苦いものは食べようともしない。そこで、なんとかこの子に苦いものを食べさせようといろいろと料理を工夫するという話でした。

その話のなかに、人間の味覚は、まず初めに甘いものを知り、次に酸っぱいものを受け入れ、さらに辛いものを受けつけるようになり、最後に苦いものを受け取るようになる、ということでした。そして、小学校の高学年、つまり、五年生か六年生ごろまでに苦いものを味わう経験がなければ、生涯、苦いものを避けてしまうのだと書いてありました。なるほど、と思って「甘」「酸」「辛」「苦」の漢字をその場でメモしておきました。

「甘酸辛苦」は人間の味覚を表す四字熟語ですが、「甘」「酸」「辛」「苦」という四つの漢字も、それぞれ人生を表すときに使われることがあります。「人生の酸いも甘いも知り」とか「辛酸をなめる」など、人生を甘い、酸っぱい、辛い、苦いで表現するのです。味覚のうえで、小学校の高学年までに苦いものを味わわなければ、生涯、苦いものが食べられなくなるというなら、人生の「甘酸辛苦」をいつまでに体験すればいいのでしょう。

人生の四つの味は遅かれ早かれ、誰でもいずれは経験するのでしょうが、できれば十代の後半までには、それなりに味わっておいたほうがいいかもしれません。大人になればもっと大きな試練に出遭うこともあるかもしれない、だからこそ、人生は苦いものだということを知らなければ、苦さを避けるようになるかもしれません。

甘い人生だけを生きようとすると、深みのある人間にはなれないでしょう。おいしいものがあふれている時代です。甘酸辛苦の味覚を味わいながら、人生を味わうようになりたいと思います。

いつまで勉強しとるんじゃ……

私はときどき、自分の生涯のなかで、いつ、いちばん勉強したかなと、振り返ることがあります。大学受験のときはそれなりに勉強しました。大学院で修士論文や最終口頭試験を準備したときも、それなりにやりました。でも、いちばん勉強したということになると、それは中三のときでした。

高校受験のために、毎日四時間、夜八時から十二時まで、必ず勉強していました。教科書や参考書を読んでは、レポート用紙に自分なりに重要事項をまとめていきます。私たちのころの高校入試は、九教科でしたから、英・数・国・理・社のほかに、美術も技術も保健体育も音楽も勉強しなければなりませんでした。レポート用紙の枚数は数百枚を超え、何本ものボールペンをインクがなくなるまで使い切っていました。

ある日、夜遅くまで勉強していると、突然、私の部屋におやじが入って来て、私を叱りつけました。

「お前はいったい、いつまで勉強しとるんじゃ」と怒るのです。一生懸命勉強している息子を怒る親もあまりいないと思います。

勉強しているのに、なんで怒られなきゃならないんだとキョトンとしていると、さらにおやじはこう言いました。

「お前は、学校で授業中、寝とるんか。先生の話をしっかり聞いて、ちゃんと理解しとったら、家で夜遅うまで勉強する必要はなかろうが」

そりゃそうだけど、受験はそうもいかないからと思いながら、しかし反論はできませんでした。最近、おやじのこの言葉は正しいと思うようになりました。確かに、学校で授業に集中し、ちゃんと理解できたなら、家に帰って、遅くまで勉強する必要はありません。そして、学校で一日六時間も勉強したら、疲れてしまうのは当たり前で、家に帰ったら休むものでしょう。今、学んでいる学生たちも、学校で勉強する、集中して理解できるように努力する、理解できなければ質問する。この当たり前のことをできるようにしたらいいと思います。安易に塾や予備校に頼らず、学校で勉強すればいい。勉強は学校でするものです。先生たちをもっと使えばいいのです。そのために学校があり、先生たちがいるのですから。

そして、学生は勉強さえしていればいいと思わないこと。学校いるときだけよい生徒になればいいというのではありません。公共の場でのマナーにも気を遣いましょう。社会は一人ひとりを見ています。大人になって、注目される立場になればなるほど、社会は人間を見ているのです。

人間は、自分たちの世界で生きているのではありません。周りの世界をも見渡すことができ、そこでのふさわしい振る舞いは何かを考え、実行できる人間になってください。

ヨハネ・コード

ダン・ブラウンという作家が著した『ダ・ヴィンチ・コード』という本が世界的にベストセラーになり、映画にもなったことがありました。私は、本も読んでないし映画を観てもいないので、この物語自体についてはあまり語れませんが、モチーフになった絵画について少し考えたことがあります。その絵画とは、言うまでもなくレオナルド・ダ・ヴィンチが一六四〇年代に描いた《最後の晩餐》、ミラノのサンタ・マリア・デッレ・グラツィエ修道院の食堂にある壁画です。《最後の晩餐》のモチーフになっているのは、ヨハネ福音書十三章二十一節から三十節にある話です。最後の晩餐の席で、イエスは自分を裏切る者を予告し、ペトロはがそれが誰なのかを聞き出すように、もう一人の弟子に合図している場面です。その弟子について、こう書かれています。

「イエスのすぐ隣には、弟子たちの一人で、イエスの愛しておられた者が食事の席に着いていた」（ヨハネ13・23）

この聖書の言葉、「イエスの愛しておられた弟子」が『ダ・ヴィンチ・コード』のキーワードとなったようです。ダ・ヴィンチが描いた絵の中央部、イエスの左隣にどう見ても女性にしか見えない弟子が描かれていて、この弟子とイエスとの空間が「M」の字を描いているようになっているところから、この弟子は「マグダラのマリア」であるということで、それをダ・ヴィンチが《最後の晩餐》の絵にそれとなく暗示した、というらしいのです。そしてマグダラのマリアはイエスと親密な関係にあり、イエスと結婚していて子どもまでもうけ、その子孫が今もなお生きているとか、そんなことが物語のテーマになっているようです。

マグダラのマリアは、四つの福音書にも登場してくるし、イエスとの親密さをうかがわせる女性で、昔から文学においても芸術の世界においてもよく注目されていました。現代においては、「ジーザス・クライスト・スーパースター」というミュージカルや映画のなかで、イエスを愛し抜く女性として登場しました。彼女の〝I don't know how to love him〟（彼をどう愛していいのかわからない）という歌は、マグダラのマリアのイエスに寄せる愛を切々と歌うもので、このミュージカルの代表的な歌になっています。

それゆえに、「イエスの愛しておられた弟子」とマグダラのマリアを同一視するのは、別に不思議なことでもない。それはそれで一つの解釈です。

しかし、ヨハネ福音書をよく読むと、この「愛された弟子」はもっと不思議な存在です。「イエスの愛された」、あるいは「もう一人の」という弟子は、六回登場します。そしてこの二人が同一人物であることがほのめかされています。

この弟子がどんな場面で登場するかという、最後の晩餐での裏切りの予告「イエスのすぐ隣には、弟子たちの一人で、イエスの愛しておられた者が食事の席に着いていた」(13・23)、イエスが逮捕されて大祭司の屋敷に連れて行かれたとき「シモン・ペトロともう一人の弟子は、イエスに従った」(18・15)、イエスが十字架上で「イエスは、母とそのそばにいる愛する弟子とを見て」(19・26)、そして、イエスを埋葬したはずの墓が空っぽであったことを証しする場面では「シモン・ペトロのところへ、また、イエスが愛しておられたもう一人の弟子のところへ走って行って彼らに告げた」(20・2)、ティベリア湖畔でイエスが現れたときには、「イエスの愛しておられたあの弟子がペトロに、『主だ』と言った」(21・7)、そして最後にイエスとその愛する弟子について語る場面(21・20~23)が続きます。

カトリック教会は伝統的にこの弟子を、ヨハネ福音書を書いたヨハネであるとしてきました。そしてヨハネ福音書の最後にはこう記されています。

「これらのことについて証しをし、それを書いたのは、この弟子である。わたしたちは、彼の証しが真実であることを知っている。イエスのなさったことは、このほかにも、まだたくさんある。わたしは思う。その一つ一つを書くならば、世界もその書かれた書物を収めきれないであろう」(21・24~25)

こうした記述から、カトリック教会が「愛された弟子」をヨハネと結びつけたのはごく自然であったと思われます。

しかし、私自身は、「イエスの愛された弟子」という表現にはもっと違う意味があるように思います。それは、「わたしの来るときまで、彼が生きていることを、わたしが望む」という言葉と、この弟子が「証し」しようとしたことと関係があります。

「イエスの愛されたもう一人の弟子」が証ししようとしたのは、イエスとの出会い、イエスの生涯、受難、死、復活、復活したイエスとの出会いなのです。そして、その証しが真実であること、そしてイエスが再び来られるとき、これをイエスの再臨といい、この世の完成を意味しますが、そのときまで、この証しをする者が生きていることをイエスが望んでいるというのです。

そうだとすれば、「イエスの愛されたもう一人の弟子」は、現代にあっても生きている可能性があります。あるいは生きていてほしいとイエスは望んでおられるはずです。つまり、イエスと出会い、その生涯を知り、その受難と死、復活を証しし、復活のイエスと出会った者は、「愛された弟子」になりうるということでしょう。

その意味では、私自身がその一人であるといっても、不思議ではありません。私は、イエスと出会い、イエスの生き方を知り、その受難と死、復活の意味を語り、復活したイエスに出会ったからです。また、君たちにもその弟子となる可能性もあります。聖書を学び、キリスト教を知り、自らの生き方をイエスが示した神に向けて生きようと決断するならば、「愛された弟子」

の一人となりうるのです。

このように、ヨハネ福音書を読むならば、ダ・ヴィンチ・コードよりも、ヨハネ・コードを読み解くほうがもっとおもしろいのではないかと、私は思うのですが、どうでしょうか。

逆転！

自分の人生のなかで逆転したという経験があるかどうか考えてみました。ありました。一度だけですが、逆転サヨナラヒットを打ったことがあったのです。

中学三年生の夏休みに、ある新聞社が主催する中学野球大会がありました。準決勝まで進めば、広島市民球場で試合ができるという大会でした。一回戦の相手はわりと強いという噂がありました。その試合で私は七回の表に一塁に悪送球してしまい、逆転されてしまいました。ベンチでしょんぼりしていたのですが、最終回の七回裏に、ランナーが二人出て、私に打順が回ってきました。

そのとき、どんな思いで打席に入ったのかは忘れてしまいましたが、何球目かのボールに必死に食らいついてバットを振ると、ボールはセンター前に抜けていったのです。一塁を回ったところで、相手がバックホームし、そのボールがそれたのを見て、二塁を目指しました。その後どうなったのか、たぶんキャッチャーがボールを投げ損ねたのか、私が二塁にすべりこんだときには、二人目のランナーもホームインして逆転し、サヨナラ勝ちしたのです。

逆転したことを知って、私はどんな思いだったのか、それも忘れてしまいましたが、あの一

後の者が
先になり
先の者が
後になる

打だけはよく覚えています。そして、なんだか自分のもつ力以上のものが働いたようにも感じました。もちろん、中学・高校と野球を続けてきた私には、自分のエラーで逆転負けした経験も何度もありましたが。

そんなことを思い出しながら、人生最大の逆転ってなんだろうかと、考えてみました。そのとき、思い浮かんだのが、「後の人で先になる者があり、先の人で後になる者もある」（ルカ13・30）というイエスの言葉でした。

この言葉は、イエスが神の国について語るときに、最後の結びとして出てきます。イエスは神の国ついて語るとき、よく宴会にたとえます。神はすべての人を招待して宴会を催す、しかし、私は招かれて当然だ、私は神の教えに背いたことは一度もない、だから、宴会の席につくのは当たり前だと思う人は、後回しにされる。むしろ、私は招待される資格がない、罪深い人間だし、神の前に出るなんてとんでもないと、自覚している人が先になる、ということをイエスは語るのです。

自分は正しい、私は完全であると思っている人は注意したほうがよい、むしろ自分の不完全さ、罪深さを心に留めて謙虚であれ、とも教えているのでしょう。そして人間が不完全であり、罪深い存在であることを思うとき、それが「逆転」されるとなると、そこには、自分以外の、自分を越えた何らかの力が働く、ということも言えるのではないか、そう思います。

かつて、フィリピンを訪ねたことがあります。二十五年ぶりの訪問でした。フィリピンの人々がみんな貧しいわけではありませんが、貧しさのなかで生活せざるを得ない人々がいます。しかし、彼らは決して絶望しているのでもなく、悲嘆にくれているのでもありません。むしろ、私たちはなぜ彼らがあれほど明るく、笑顔を絶やさずに生きていられるのだろうかと、疑問に思います。

あるフィリピン人の神父が、人生最後の逆転があると信じているからだと言いました。それを信じるからこそ、今を生きることができるのだと。「後の人で先になる者があり、先の人で後になる者もある」という言葉は、そのように生きることを可能にする力をもっているのかもしれません。

ある授業風景より

中学一年生を教えたとき、ちょうど選挙の後で「先生、選挙では何党に入れたんですか」と質問されました。「いい質問だ」と言いながら、「私は、自慢じゃないが、二十歳になってからずっと、いっぺんも選挙に行ったことはない」と答えました。すると生徒たちは口々に、「わぁー、今どきの若者みたいだ」と言います。

そこで「そんなもんといっしょにするな。私は選挙に行きたくても、行かれないんだよね」というと、生徒たちは怪訝な顔をして「どうして、先生？」と言いました。

「いい質問だと言ったのは、ここからの話が大切なんだ」と言いながら、私は自分の思いを伝え始めました。

大正の終わりごろ、私の父方、母方の祖父は、それぞれ出身も違うし、理由も異なりますが、広島にやってきました。母方の祖父は身長六尺の大男で、近所でも評判の力持ち。一所懸命に働き、大きな家を構えるほどになりました。その家は軍需工場で働かされる朝鮮人たちにとって憩いの場となり、バケツ一杯のホルモンを振る舞うときもあったといいます。先祖代々のカトリックということもあり、信仰熱心で、広島のカトリック教会でも有名な人でした。原爆で娘を一人失いますが、残りの家族は生き延び、戦後さらに働いて一財産を築き、朝鮮戦争後、帰国を決意します。すべての財産をみかんに換えて……。

「先生、なんで、みかんなの？」と質問が飛んできました。

「韓国でみかんができるのは済州島だけなんだ。今でもこの島では、みかんの木が一本あれば、息子を大学にやれると言われるほど。広島はみかんの産地だからみかんを韓国で売れば、財産は何倍にもなる。じいさんはそう考えた」

ところが、対馬海峡を越えようとした小さなみかん船は、暴風の影響で沈んでしまいました。漂流して海に漂う祖父は、ただひたすら聖母マリアに祈ったといいます。いのちからがら、広島に戻ったものの、一文無しとなったため、「食口」を減らそうと、娘を次々と嫁がせました。その娘の一人が、もともと近所に住んでいて九つ年上だけれど、お互いをよく知っていた在日韓国人と結婚します。それが私の父と母で、私が生まれました。

「このことを、私は『みかんの奇跡』といっています。みかん食べるたびに、このみかんゆえに自分は生まれた、そう思うんだよね」

そう言うと、生徒たちはげらげら笑い出すのです。

人は、自分の生まれる場所と時を選ぶことはできません。たまたま在日として生まれた私は、その歴史的背景を背負わされています。

「日本人みたいな顔してずっと生きてきたんだけれど、何かおかしいと思い始めて、自分の本当の名前を使おうと決心したのが二十歳のとき。学校の先生になりたいと思っていたけれど、その当時は、国籍条項の壁があって、公立の先生にはなれない。私立ならなんとかなるかと思って、私立の大学、しかもカトリックの大学に行ったんだ」

「へぇ、先生、頭いい」という声が聞こえました。

一九六五年に日韓基本条約締結。韓国籍を選べば、在日韓国人には日本永住権が与えられ、日本の教育を受けることもできるようになりました。しかし、日本人と同じように将来の可能性を追求し、働きの場を求めることはできませんでした。「国籍条項」の壁、この壁のゆえに、選挙権もありません。

生徒の手が挙がりました。

「先生、税金払ってるんでしょう。日本で生まれ、日本で生きて、税金も払って、選挙権がないのは何か変ですよね」

「日本国のいちばんの課題は、『国民』という概念をどう変えるかなんだろうね。日本という地に、一緒に住んで、一緒に生活する者はみな、広い意味で『日本人』と考えればいい。『憲法』も、『国民は……』と言わずに、『人民は……』と言えばいい。そこだけ改正すれば、十分なんだけれどね」

いつか選挙に行ける日が来るだろうか。

「先生、昨日の選挙、何党に入れたんですか」

「よく聞いてくれた。実は……」

そのときは、どんな話になるだろうか。

どこから落ちたかを思い出せ

一区切りがついて総まとめをするにあたって振り返ってみると、新しいスタートを切ったときにもっていた「頑張ってみよう」「チャレンジしてみよう」という意欲やエネルギーがだんだんと枯渇してきて、なんとなく惰性で過ごしてしまっていたということはありませんか。決心したことがいつの間にか忘れられて、元の木阿弥ということもあります。

そんな経験を何度もしてきた私は、そのようなときに思い起こすようにしている言葉があります。それはヨハネの黙示録のなかで教会に宛てられた手紙です。

ヨハネの黙示録は神の言葉としてヨハネが語る形式になっています。そのなかに、いくつかの教会に宛てた言葉があって、たとえば、サルディスにある教会に宛てた手紙には「わたしはあなたの行いを知っている。あなたが生きているとは名ばかりで、実は死んでいる。目を覚ませ」（黙示録3・1〜2）という言葉があり、ラオディキアにある教会に宛てた手紙には「わたしはあなたの行いを知っている。あなたは、冷たくもなく熱くもない。むしろ冷たいか熱いか、どちらかであってほしい。熱くも冷たくもなく、なまぬるいので、わたしはあなたを口から吐き出そうとしている」（同3・15〜16）と書かれています。このような厳しい言葉で、最初のころの熱心さに立ち返ることを呼びかけているのです。

大学生のころ、私はいろいろなアルバイトをしました。家庭教師、喫茶店の皿洗い、ビラ配り、土掘りなど、そのなかで、私の学生生活を支えたのは、そのころ日本で初めて二十四時間営業を展開したのドーナツチェーン店でのアルバイトでした。

私は、土曜の夜十時から翌日の朝八時まで、そして、日曜の夜十時から翌日の朝八時まで、働いていました。時給は三百三十円で、普通の時間帯に皿洗いをしても三百五十円はもらえたことを考えると、決して高いとはいえません。それでも、月に三万円近くにはなるので、家庭教師をしてもらうお金と合わせれば、親の仕送りなしに生活できる金額にはなりました。

夜中の十二時ごろまでは接客中心で、ドーナツを売るのが仕事です。いろんなお客が来るもので、あるとき、みやこ蝶々という芸人さんが来たこともありました。午前一時を過ぎ、二時ごろになると、朝一番に出すドーナツの仕込みです。毎朝六時ごろになると、数人の老人が朝の散歩がてらお店に寄って、コーヒーとドーナツを一つ注文していました。ある日、コーヒーメーカーの保温を切っていたことを忘れてコーヒーを出してしまったことがあります。出すときに、保温のサインがついておらず、OFFになっていることに気づいたのですが、つくり直すと時間もかかるし、まあわからないだろうと思って、そのまま出してしまいました。すると、一人の老人が、「兄ちゃん、なんや、このコーヒーは。なまぬるいじゃないか！」と言って、ひどく怒り出したのでした。私は知らんぷりを決め込み、「そうですか？」と言って、店の奥に引っ込んでしまいました。老人は、なんちゅう店や、と憤懣《ふんまん》やる方ない様子で、お店を出ていきました。私は心のなかで、申し訳ないと思いながら、老人が熱いコーヒーを飲むものではない、と変な言い訳を考えていました。

なまぬるいコーヒーほどまずいものはありません。コーヒーとして中途半端だからです。私の行動もなまぬるい。自分のミスをミスとして潔く認めず、誤魔化そうとしたからです。人の思いも行動も中途半端でなまぬるいものになってはいけません。冷たいか、熱いか、どちらかであったほうがよい。私たちの日々の生活にも言えることです。

そこで、「どこから落ちたかを思い出せ」です。この言葉はエフェソの教会に宛てた手紙のなかにあり、これに先立って、「あなたはよく忍耐して、わたしの名のために我慢し、疲れ果てることがなかった。しかし、あなたに言うべきことがある。あなたは初めのころの愛から離れてしまった」（黙示録2・3〜4）と記され、「だから、どこから落ちたかを思い出し、悔い改めて初めのころの行いに立ち戻れ」（同2・5）となるのです。

あなたが学生であるならば、一時間一時間の授業を大切にしていますか。社会人であるならば世の中の人々の間での振る舞いはどうなっていますか。自分自身に対して、いい加減になっていませんか。自分の好き嫌いという原則を超えて、大事なことだからあえてやってみよう、という気持ちが萎えていませんか。

「どこから落ちたか」という問いを自分に投げかけて、また気持ちを引き締めて元気になろう、それがこの言葉の真意ではないかと思います。

ところで、みなさんもアルバイトをするなら、心して熱いコーヒーを出すようにしてください。

戦争を知らない子どもたち

昔、高校生のころ、ギターが弾けるようになったらいいなと思い、練習し始めました。フォーク・ソングの人気が高まり始め、弾き語りなんぞできたらカッコいいかなと思って始めたのでした。まずコードを覚え、Fのコードがしっかり押さえられるようになれば、ジャガジャガと弾き鳴らし、なんとか歌えるようになります。そのような段階に来ると、必ず練習して、歌えるようになるのが、「戦争を知らない子供たち」でした。

戦争が終わって　僕等は生まれた　戦争を知らずに　僕等は育った……。

一種の反戦歌なのですが、「戦争を知らない」ということが、どこか後ろめたくて、戦争を知らないばっかりに、わがまま、気ままな生活をしている。大人たちからは、お前たちは青二才だ、長い髪して、と批判され、わけのわからない歌をがなりたてると言われ、白い目で見られる。それは、ぼくたちが戦争を知らないからなのだと、逆に居直る。そんな感じの歌です。

この歌の影響なのか、「戦争を知らない」ということが、「戦争を知っている」世代に対して、ひけ目を感じさせていると、私はいつも思っていました。子どものころ、両親から被爆体験の話を聞いたり、修学旅行で沖縄戦の証言を聞いたりすれば、俺たちは幸せだ、戦争の時代のことを考えれば今こんなことしていてはいけない、と反省させられる。この反応も、「戦争を知らない」ばっかりに起こる心の葛藤なのです。

ところが、二〇〇六年に行われたアレン・ネルソン氏の講演を聴いて、初めて「戦争を知らない」ということがどれほど価値あることなのかを認識させられたのでした。

講演者のアレン・ネルソン氏はアメリカの元海兵隊員で、ベトナム戦争に従軍したことのある方でした。貧しさゆえに海兵隊に入り、「人を殺せ」という教育を徹底して受けたこと、ベトナム戦争で村を襲撃し、多くの村人の死を目の当たりにしたこと、ジャングルに逃げ込んだ住民を発見する方法や死体の後片付けのこと、戦争の「におい」とはどのようなものか等々、ご自分の体験を赤裸々に語ってくださいました。

なぜ、今、ベトナム体験を語る講演活動をとおして平和の大切さを訴えるようになったのか、その動機も話してくださいました。ある村を襲ったときに反撃に遭い、とっさに近くの民家の壕に身を隠したところ、たまたまそこに一人の女性がいた。暗がりのなかでよくわからなかったが身動きひとつしない。よくよく見ると、彼女は一人で出産の途中だった。人を殺せと教えられてきたが、新たないのちの誕生をどのように手助けしていいのかは教えてもらわなかった。手を差し伸べたとき、自分の手に赤ちゃんが出てきた。女性は赤ん坊を受け取り、へその緒を自分で切って、赤ん坊を抱きかかえて、ジャングルに逃げていった。そんな衝撃的な話をしてくださいました。

そして、ネルソン氏の講演は続きました。日本の若者を見ると、「戦争を知らないな」とすぐわかる。瞳がとても澄んでいて、それは戦争を知らない瞳だ。世界で、戦争を知らないのは日本人だけだと言ってもいい。アメリカもイギリスも、イタリアもオーストラリアも、中国も韓国も、みんな戦争を知っている。自分の周りにいる誰か、父か叔父さんか、兄弟か、近所のおじさんか、必ず誰かが戦争に行き、戦争を体験している。しかし、今や、日本の若者たちの周囲の人は、誰も戦争を知らない。そのことがどれほど尊いことか、どれほど大切なことか、日本人はそのことをもっと知らなければならない。

日本人は、日本国憲法の第九条によって守られてきた。その条項ゆえに、戦争を知らずにきた。この憲法のすばらしさをもっと広めなければならない。世界中の憲法が、この条項を取り入れるべきだと思う。戦争を知らないことがどれほど大切で尊いことか……。

「戦争を知らない」という表現がこれほど新鮮に心に響いたことは、私自身、なかったことでした。改めて、私は、「戦争を知らない」ことを誇りにしなければならないと思ったのでした。

憲法改正が論議されるようになって久しくなります。教育基本法を改正し、国民投票の方法を決める段取りをしようということらしいのですが、私たちはよくよく考えなければなりません。本当に、憲法を変える必要があるのか、教育基本法が目指していることはなんなのかを。

ここでひとつ、教育基本法について触れておきたいと思います。ある会合に出席した折、教育基本法改正についての話があり、この基本法の成立過程での逸話が紹介されました。基本法制定に尽力したのは田中耕太郎という方です。この方は、カトリック信者でもあり、基本法のなかにある、「教育は、人格の完成を目指し」というのは、当時のカトリシズムにおいて唱えられた「人格主義」の影響を受けていました。

しかし、「人格」という概念は、日本人には馴染まないのではないかと言った制定委員の一人、務台理作氏が「人間性」と言い換えたらどうかと提案したそうです。田中耕太郎氏は、いいや、人間性には良いものと悪いものとがある。悪いものもいっしょに完成されてはならないといって拒否し、「人格」という概念にこだわったのだとか。

実は、私の大学時代の卒論のテーマは「人格の概念」でした。「人格」という概念が自分のなかではっきりとしないがゆえに、定めたテーマだったのです。今では、自分なりに人格とは何かを答えることはできますが、確かに、日本人が人格の概念を理解するのは難しいかもしれません。

「人格」とは、ひと言で言えば、「他の何ものにも代替不可能な、かけがえのない私」と理解すればよいでしょう。たとえば、人間の社会は一人の人間を評価するのに、何ができるか、どんな役割が果たせるかを基準とします。このことを成すためには君が必要だと言われれば、うれしくもなります。役割原理と必要原理のなかで、人は生きています。しかし、ここには落とし穴があって、もしその人がいなければどうなるか。その人以上に、その役割・機能・能力を発揮する人を探してくれれば事足りるのです。

たとえば学校でも、今、校長が倒れて死んだとしても、校長代理が立てられ、校長の仕事のできる人を新しい校長に据えれば済むことです。このように、役割・機能で人を評価すれば、誰でも代替可能な存在となります。しかし、人格は違います。かけがえのない私とは、何ものにも替えられない存在なのです。そして、その存在があるがままに受け入れられるようになること、それを愛といいます。

ここで思うのです。教育基本法が制定されて以来、日本の教育は、公立であれ私立であれ、十分にそのなすべきことをしてこなかったのではないかと。つまり、人格の完成に向けて、教育することができなかったということです。今、学校案内の多くに、「社会に貢献する人材の育成」ということが謳われています。それを読みながらいつも思います。人間は社会の材料なのかと。

「人材」という言葉が示すとおり、人が材として用いられているのです。

また、戦後、多くのカトリック学校が設立されました。教育基本法に則り「人格の完成」を目指すという教育の使命は、この概念の本当の意味を知るカトリック学校こそが果たしていかなければならないはずでした。それを怠ってきたのではないか、少なくとも人格の概念を日本という地に根づかせることができなかったのは、カトリック学校としてのミッションの失敗だったのではないかと思います。

長く教員生活をやってきた私自身、出会った生徒に人格の概念を語ってきただろうか、彼らを何ものにも替え難い存在として受け入れ、彼ら自身が人格そのものであるということを体験させてきただろうか……。

教育基本法改正の是非を問いながらも、今一度、あの基本法が目指したものを振り返る必要がある、そんなことを思いました。そのように考えてみると、「戦争を知らない」尊さと「人格の概念」の大切さが、私のなかでは、一つになるのです。

試練はこの上ない喜び

冬季オリンピックというと、私が真っ先に思い出すのは、二〇〇六年のトリノ・オリンピック。日本選手団の不振が伝えられ、盛り上がらないまま終わるかと思われたそのとき、フィギュアスケートで荒川静香選手が金メダルを取り、日本中が沸き立ちました。

当時は荒川静香フィーバーがものすごく、金メダルを獲得するまでの軌跡を追う新聞記事等、私も読みましたが、そこに至るまでには、なかなか厳しいものがあったようでした。一度は世界の頂点に立ったものの、そこから伸びきれないもどかしさ。練習拠点を日本からアメリカに移したり、コーチを変えたりしながらも、うまくいかない焦燥の日々。そして、新たなライバルの登場。数々の試練を経て、金メダルを獲得したのです。

私たちのように、日々平凡な日常を送っている者でも、それなりの「壁」はあるもので、成績が伸びない、仕事がうまくいかない、人間関係がぎくしゃくするといったことをたびたび経験します。それを試練というのですが、誰もがその試練を乗り越えて、大きくなっていくのだと思います。

試練はなぜ与えられるのか。三つの理由があると思います。

一つは、自分がしなければならない日々の務めになまぬるくなり、怠けるようになるからです。誰も毎日毎日力を尽くして、全力で成すべきことをきちんとこなすことは難しい。怠けたりさぼったりしたくなります。そのようなとき、何かうまくいかなくなるもので、停滞感を感じることがあります。それはそれで試練なのです。

もう一つは、試練に出遭って、自分の力が何ほどのものかを知るようになる、ということです。私たちには無限の力が与えられているのだから、努力も何もなしになんでもできる、ということはありません。試練に出遭って、自分の力を知ることができます。

三つ目は、自分の以外の大いなる力によって、自分が生かされてあることを知るためです。人間は一人で生きているのではない。多くの人々に支えられ、励まされて私という一人の人間は存在するのです。それを知るために試練は与えられる。

「試練に出遭うときは、この上ない喜びだと思いなさい」、そうは言っても難しい……と思うあなた、その試練を、誰かに助けられながら、乗り越えていきましょう。そのようにして、人は成長していくのだと思います。

アイデンティティー

加賀乙彦氏さんの著書に『悪魔のささやき』（集英社新書）という本があります。

加賀さんは、もともとは犯罪心理を専門とする精神科医で、上智大学の心理学科でも教え、死刑囚の精神鑑定を行う仕事もしていました。

そんな加賀さんがこの本のなかで、日本で起こるさまざま犯罪、自殺事件、それらを引き起こす引き金となったインターネットの世界などをとおして、現代社会のなかに「悪魔」が存在し、「悪魔にささやかれて、多くの事件が起こるのだ」と著されました。

加賀さんは、五十八歳のとき洗礼を受けたカトリック信者ですから、聖書の世界にも通じています。聖書のなかに「悪魔」「悪霊」はよく登場してきます。そのことにも触れながら、悪魔の姿は「見えない」が、その「声」が聞こえ、「ささやかれて」、とんでもない事件が引き起こされるというのです。

実際、死刑囚の多くは、なぜそんなことをしたのかと問われて、「悪魔がささやいた」と答えるのだそうです。私たち自身も経験があるでしょうが、何か悪いことをしたときに、「魔がさした」と言い訳することがあります。「魔がさす」のは一瞬のことですが、「悪魔のささやき」

は長く続くのだそうです。そしてそのささやきは、一人の人間だけでなく、連鎖していくのだとか。

こんな話を聞いて世の中を見渡すと、悪魔にささやかれていると感じることはあります。学校のなかでも、夏休みに宿題をしなかった、それが尾をひいて二学期になっても勉強に身が入らない、成績は落ちていく、進級できるか危うくなる、結局、学校から去っていくことになる……。

悪魔の特徴は、その人が破滅していくことを喜ぶことにあります。とんでもない事件を引き起こして破滅していく、自らのいのちを絶って破滅していく、なすべきことを怠って、いつの間にか破滅的な状況に追い込まれる……。加賀さんは、しかし、悪魔のささやきに抵抗し、打ち克つ方法も語っています。いくつかあるのですが、一つだけ紹介します。それは、「個を確立する」ということです。

「個の確立」というのは、自分自身をしっかりもつということです。自分の意見であれ、価値観であれ、自分の考えをしっかりともって確固とした自分自身を形成するということです。ここで、みなさんに一つの言葉を覚えておいてほしいのです。これは私の遺言です。私が死んだというニュースを聞いたとき、「ああ、そう言えば、李神父さん、昔こんなことを言ってたなぁ」と思い出すように。その時は三十年先くらいには訪れると思いますから。

それは、Identityという言葉です。これは、「私は誰か」という問いに対する答えを見いだすこと、といってよいでしょう。「私は〜です」という、「〜」の部分を見いだしていくということです。

すでにみなさんは、「私は〜です」と、いくつかのものをもっています。Identityの基本的な部分をなすものです。何があるでしょう。そう、「私は男です」、「私は日本人です」、「私は学生です」といったものです。Sexual Identity（性的アイデンティティー）とかNational Identity（民族的アイデンティティー）は、すでに身につけているのです。ただ、これらは明確に意識されることがあまりない、当たり前のことではないかと思っている人も多いでしょう。

ときに、このIdentityが揺らいだり、拒否したくなったりすることはあります。たとえば男であっても「男であること」に違和感をもつ人がいます。身体的に男であっても心理的にはそのことが受け入れ難いという人がいます。医学的にもそれは認められていて、そのような場合を「性同一性障害」というのです。

「日本人である」ということが耐え難い場合もあります。そうであることが社会的にマイナスとなるとき、日本人であることを拒否したくなることがあるのです。太平洋戦争中のアメリカ日系人のことを考えれば理解できると思います。

私の場合は、日本にあって日本人ではないことが受け入れ難いことでした。かといって、韓国人であるかというと、そうでもない。結局、自分は何者なのかと、自問自答していました。このようなことをIdentityの危機というのです。

基本的なIdentityをもちながら、さらに社会においてなんであるかを獲得しなければなりません。社会に出ていって、「私は～です」といえるものを獲得するために、私たちは勉強します。まだ社会に出ていない若い時代は、「～でありたい」と、望みや夢をもつことが大事になるでしょう。「医者でありたい」「教師でありたい」「弁護士でありたい」「政治家でありたい」という望みをもてば、学校生活においてそのための勉強をするはずです。

そのようにして、私たちは、社会において「～である」ことを獲得していかなければなりません。「夫である」「父である」といったことも獲得していくでしょう。

しかし、そのような「～である」をすべて失うときがやってきます。言うまでもなく、「死」のときです。人間は例外なしに、その生涯において身につけてきた「～である」を、全部失うのです。そのとき最後に残るのはなんでしょう。「私は私である」ということです。

最後に残る、「私は私である」ということ、これを「人格」といいます。ゆえに、人格としての「私」は、何ものにも替え難い、代替不可能な、ユニークな存在なのです。この人格としての「私」は、生涯をかけて完成させていかなければなりません。さまざまな「～である」を獲得しながら、豊かなものにし、そして、「私は私であってよかった」と、自分の人生に納得して、自分の生涯を終えることができれば、これが真の幸せというものです。

もし、人生の終わりに、「私は私であってよくなかった」という思いをもつならば、それは不幸です。そして、実際、そのような思いをもって、自らのいのちを絶つという事件も起こるのです。

「私は私である」、そのことを豊かにしていく、完成させていく、これが教育の目的だと、教育基本法は謳っています。このことを忘れてはいけません。悪魔にささやかれても、抵抗し、拒否する力をもたなければなりません。そのためには、Identity を確立し、人格として存在する私を豊かにしていくこと、これが大切なのです。

あとがき

「初心とは　いつでも帰れる貌をして　傍らにありて　すでに　帰れず」（馬場あき子）

私はこの歌が大好きです。三十年、イエズス会の三つの学校で働き、イエズス会学校とは何か、イエズス会教育はどうあるべきかを考え、語り、実践していきたいと思っていましたが、「初心」は常に念頭にありました。

そろそろ教壇を降りる年齢になり、チョーク一本で授業してきた私も、そのチョークを静かに置くときがやってきました。

自分が語ってきたことが、今後のイエズス会学校やカトリック学校で働く教職員の方々、それらの学校に子どもを託す保護者の方々、そして学ぶ生徒たちに、少しでもイエズス会教育、カトリック教育が目指すものを理解していただければと思い、この書物を準備しました。

初心に帰ることはむずかしい。しかし、どれほど年齢を重ねても、どれほど経験積んでも、初心に帰ることは大切です。未熟であった自分を思い起こせ、そうすれば必ず成長できる。その思いは今も変わりません。

残りの限られた時間をどう生きていくか……。教育のあり様を常に見つめながら、生きていきたいと思っています。

二〇一八年三月十六日

イエズス会司祭叙階三十三年目の日

李　聖一

願いと祈り執り
成しと感謝を
すべての人に

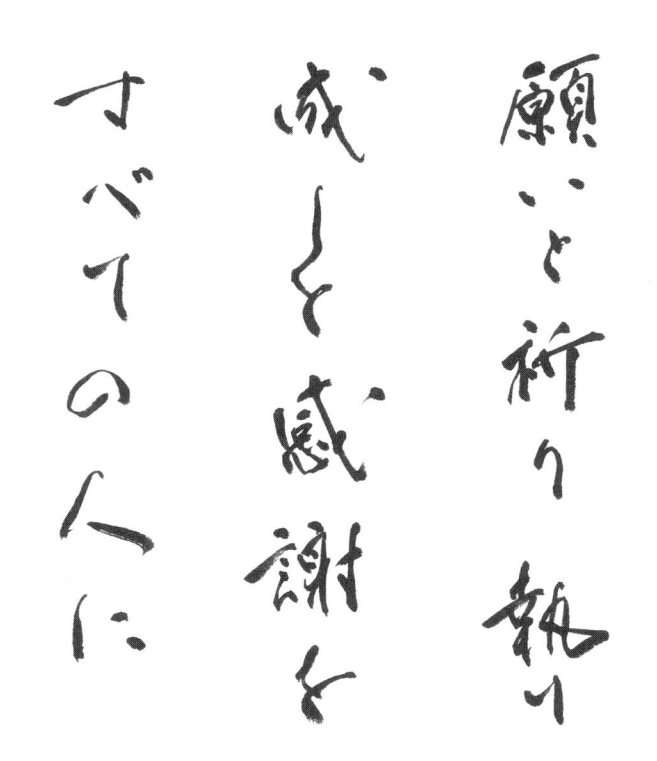

❖著者略歴

李聖一（り・せいいち）

1955年生まれ。1976年、イエズス会入会。1985年、司祭叙階。1986年から2015年まで、六甲学院、広島学院、栄光学園で教員として勤務。2003年から2010年まで、広島学院校長。現在、イエズス会系の学校（上智大学・六甲学院・栄光学園・広島学院・上智福岡）の法人合併により、学校法人上智学院のイエズス会中等教育担当理事。

❖書家略歴

杉岡陽水（すぎおか・ようすい）

書道家。1949年広島県生まれ。1965年故村上三島（日本芸術院会員、文化勲章受章者）に師事。1988年第20回日展初入選、以後21回入選。1992年日本書芸院大賞、1999年読売書法展読売新聞社賞、2005年日本書芸院史邑賞受賞。現在、日展会友、読売書法会理事、日本書芸院評議員、広島県書美術振興会常任理事等を務める。

❖イラストレーター

時田愛（ときた・あい）

み言葉《ことば》とともに
生《い》きる、学《まな》ぶ、喜《よろこ》ぶ

2018年9月14日　初版発行

著　者　李聖一

発行者　関谷義樹

発行所　ドン・ボスコ社
〒160-0004　東京都新宿区四谷1-9-7
TEL03-3351-7041　FAX03-3351-5430

装　幀　幅雅臣

印刷所　株式会社平文社

ISBN978-4-88626-640-8
（乱丁・落丁はお取替えいたします）